법과 성서와 역사
연구시리즈 제2권

土地正義論

金相容 著

법과 성서와 역사 연구소 / pnc publishing and culture 피앤씨미디어

머리말

법과 성서와 역사 연구소의 연구시리즈 제2권으로 토지정의론을 출판하게 되어 기쁘기 그지없다. 토지법과 토지정책은 저자의 가장 중심적인 연구분야이다. 토지는 토지를 소유한 자나 소유하지 못한 자나 모두가 다 이해관계인이다. 토지는 하늘이 값없이 인간에게 준 것이다. 하늘이 특정인에게 토지를 준 것이 아니다. 인간 모두에게 준 것이다. 그러나 인간은 토지를 정복의 대상으로 富의 대상으로 다루어 왔다. 그러나 오늘날에는 토지는 인간만의 것이 아니라 이 땅에 생명을 가진 모든 생물의 생존의 터전이다. 생명 없는 것들의 존재를 위한 터전이기도 하다. 이제 더 이상 토지를 인간만의 것이라 주장할 수가 없다. 이처럼 시대의 변화에 따라서 토지에 관한 인식에도 변화가 일고 있다. 이러한 토지관의 변화에도 불구하고 기본적으로는 근대의 자유토지사소유권 사상은 유지되고 있다.

저자는 토지는 모든 생명 있는 것들의 생명유지의 터전이기 때문에 정의로운 토지질서가 어떠한 내용이어야 할 것인가에 대하여 연구하고 곰곰이 사색하여 왔다. 토지정의는 가장 먼저 소유부문과 거래부문에서 이루어야 하겠다는 생각을 하여 왔다. 토지는 인간이 만들 수 있는 물건이 아니며, 不滅의 물건이기 때문에 토지가 부를 축적하고 권력행사의 수단으로 이용되어 왔던 지난 날을 반성하고, 土地價 중에서 토지소유자의 노동이나 투자에 의하지 아니하고 발생한 토지가인 불로소득인 개발이익은 토지소유자의 것이 아니며 토지소유자의 것이 되어서는 아니된다는 생각을 하여 왔다. 그리하여 토지소유부문에서의 토지정의는 토지소유자의 노동이나 투자에 의하지 아니하고 사회의 발전에 의하여 발생한 지가의 증가분은 사회구성원 모두의 것이라고 생각하여 왔다. 이러한 개발이익의 사회환수를 이루어 나가는 것이 토지소유부문의 토지정의의 실현이라 생각하여 왔다.

그리고 토지의 거래는 정상적으로 진실되게 이루어지고 그것이 공적으로 진실 그대로 공시되고 과세가 이루어져야 한다. 그것이 토지거래부문에서의 토지정의이다. 그러나 현실에 있어서는 비정상적인 토지거래인 토지의 투기적 거래가 널리 행하여졌다. 또한 토지법도 그 내용이 부실하였고, 토지에 관한 대법원 판례도 헌법재판소의 결정들도 비정상적인 토지거래를 합법적인 토지거래로 용인하여 왔다. 그러나 저자는 비정상적인 거래는 토지거래부문에서의 토지정의에 反함을 기회가 있을 때마다 지적하여 왔다. 그렇지만 토지는 불로소득인 개발이익을 낳고 그것이 사유화될 수 있는 토지소유권의 내용구성으로 인하여 그 불로소득인 개발이익을 더 많이 사유화하기 위하여 비정상적이고 변칙적인 토지거래가 널리 행하여져 온 것이었다. 토지거래에서의 토지정의의 실현은 비정상적인 토지거래가 행하여질 수 없도록 하여 토지거래가 진실되게 정상적으로 이루어지도록 토지거래서면의 공정증서에 의한 공증을 하게 하여 그 내용을 공시되고 그 내용에 따라서 과세가 이루어지도록 하는 일이라 생각하여 왔다.

本書에서는 토지소유부문과 토지거래부문에서의 토지정의를 가장 중점적으로 다루었다. 그리하여 소유부문에서는 불로소득인 개발이익의 사회환수를 토지정의의 내용으로 주장하였으며, 거래부문에서는 당사자 간의 진실한 거래내용을 진실 그대로 공시하고 과세가 이루어지도록 하는 방법으로 토지거래서면의 공정증서에 의한 공증의 방식을 토지정의의 실현방법으로 제시하였다. 그 외에도 농지와 산지의 친환경적인 관리와 통일 후의 북한토지의 관리에 관하여도 저자의 생각을 짧게 논하였다.

본래 법과 성서와 역사 연구소의 연구서는 그 양이 너무 많지 않게 각 주제별로 핵심적인 내용을 간결하게 집필하여 출판하는 것으로 계획하였다. 이러한 집필방침에 따라서 토지정의론도 가능한한 간결하게 그 내용을 집필하고자 한 관계로 토지정의의 깊이 있는 이해를 위한 상세한 내용을 다 담지 못하였다. 또한 정의로운 토지질서에 관하여는 그동안 비정상적인 토지거래로 인한 사회문제에 관하여 사회에 좀 널리 알리고자 하는 생각과 함께 이제는 정상으로 돌아가자는 호소를 하고자 하는 생각으로 논제를 정하고 집필을 하였다. 그러나 토지에 관한 깊고 오랜 철학과 사상을 저자가 충분히 다 이해하지 못하였을 뿐만 아니라, 이해한 토지철학과 토지사상도 그 내용을 설득력 있고 힘 있게 논술하지 못한 부족함을 깊이 되새기고 있다. 그렇지만 토지법과 토지정책을 평생토록 연구해 오면서 그래도 토지법을 중심으로 한 물권법을 집대성하고자 하는 마음에서 이 토지정의론을 집필하였다. 저자의 토지정의의 사상에 비추어 토지에 관련된 입법과 판례와 결정에 대하여 저자의 의견을 밝히고, 더 나을 수도 있다고 생각한 대안을 제시해 보고자 하였다. 그래도 많이 그리고 극히 부족함을 통절히 느낀다.

이 토지정의론이 출판이 되어 세상에 나오기 까지 감사를 드려야 할 분들이 있다. 먼저 토지법을 오랫동안 연구한 저자의 사랑하는 제자 김성은 박사가 교정을 맡아 수고해 주었다. 그 정성에 감사를 드린다. 그리고 법과 성서와 역사 연구소의 연구서를 출판해 주시는 피앤씨미디어의 박노일 사장님께 감사드린다. 법학분야에서는 전문서적의 출판이 어려운 실정임에도 불구하고 법학발전을 위하여 헌신해 주시는 박 사장님의 법학사랑에 마음으로부터 감사드린다.

토지법과 토지정책은 역사의 진행에 따라서 새로운 철학과 사상이 계속해서 출현할 것이며, 토지문제는 더욱더 심각한 사회문제로 다루어질 것으로 생각된다. 토지정의의 실현을 위한 더 나은 그리고 더 설득력 있는 토지철학과 토지사상이 정립되고, 그것이 법률로 입법이 되고 판례와 결정이 이를 실효성 있게 집행되도록 더욱 뒷받침하여, 온 국민이 정의로운 토지법을 생활 속에서 자연스럽게 지키고 실천해 나가는 그 날이 오기를 소망하고 갈망한다.

2017. 1. 25.

著者 씀

차 례

제 3 장 토지소유권에 대한 입법, 헌법재판소의 결정 및 대법원 판례의 비판적 검토

제 1 장

土地의 先在性과 自然性

제1장 土地의 先在性과 自然性

토지는 인간이 만든 물건이 아니다. 인류가 탄생하기 이전에 이미 神이 만들어 인간에게 준 것이다. 토지가 인간에 앞서 존재하였다. 인간은 주어진 토지를 이용할 뿐이었지 토지를 만들지 않았다. 그리하여 著者는 이러한 토지의 인간 이전부터의 존재를 토지의 선재성이라 불렀다. 그리고 토지는 인간이 만든 물건이 아니고, 인간과 동물과 식물 등 생명있는 모두를 위하여 신이 만들어 주신 것이다. 이러한 토지의 생성의 특성을 토지의 자연성이라 이름 붙였다. 그리하여 토지는 인간 이전에 이미 존재한 선재성과 신이 창조하여 인간뿐만 아니라 생명 있는 모든 것들에게 값없이 준 자연성이 가장 중요한 특징이라고 생각한다.

토지가 이와 같이 인간 이전에 존재하였고, 인간의 노동에 의하여 창조되지 않았음에도 불구하고 근대 자연법론자들은 토지에 대한 소유권을 天賦人權이라고 하였다. 토지를 만든 자는 인간이 아님에도 불구하고 인간이 갖고 있는 토지에 대한 소유권을 과연 천부인권이라고 할 수 있을까? 토지는 인간만에게 준 것이 아니라 창조자가 생명 있는 모든 것들에게 값없이 준 것인데 과연 인간만이 토지에 대한 소유권을 독점하고 그 토지소유권을 천부인권이라 할 수 있을까? 의문이 제기되지 않을 수 없다.

소유권 중에서 지적소유권[1)]은 분명히 인간의 노력에 의하여 창조

1) 이를 무체재산권, 산업재산권, 산업소유권, 지적재산권, 지식소유권 등의 다양한

된 정신적 창작물에 대한 소유권이다. 그러나 토지는 인간의 노동에 의한 산물이 아님에도 불구하고 인간이 토지를 독점하여 그것을 소유권이란 이름을 붙이고 이를 법률로 보호하고 그 보호도 천부인권으로 보호하고자 하였다. 과연 토지소유권이 천부인권으로 보호되어야 하는 권리인가가 의문이다. 분명히 근대 자연법론자들이 근대의 자유 토지사소유권을 천부인권으로 보호하고자 하였던 것은 중세의 신분구속적인 분할소유권을 극복하기 위한 이데올로기로서의 가치는 충분이 인정되고 또한 역사적으로도 분할소유권을 극복하고 해체하는데 기여하였다. 그러나 더욱 자세히 검토해 보면, 근세의 자유 토지사소유권의 주장은 근세 시민사회를 이룬 중심세력이었던 근세 유산자 계층의 토지지배를 정당화하고 그 지배를 공고히 하기 위한 이데올로기였다. 그러고 보면 근세 유산자 계층의 토지지배를 정당화하고 그들의 토지지배를 확실히 보장하기 위한 이데올로기가 토지소유권의 천부인권 사상이었다. 근세이후 지금까지 자본주의 사회는 유산자중심의 사회였음을 부인할 수 없다. 그리하여 지금까지 자유로운 토지사소유권을 천부인권으로 이해하고 법제화한 사회가 계속되고 있다. 비록 오늘날은 토지소유권을 천부인권이라고 표현하고 있지는 아니하지만 오늘날의 토지소유권도 여전히 근세 초의 토지소유권을 천부인권으로 이해하고 받아들인 그 사상이 밑바탕에 흐르고 있다. 과연 토지소유권이 천부인권일까? 과연 창조자가 토지를 인간만을 위해서 지배하도록 토지지배의 권한을 인간에게만 주었다는 것이 오늘날에도 변함없는 진리일까?

토지소유권의 천부인권성 주장과 관련하여 사회발전에 의하여 토지에 발생하는 불로소득인 開發利益을 토지소유자가 다 사유화하고 있는데, 창조자가 불로소득인 개발이익까지 토지사소유자가 독점적

명칭으로 불렀으나, 우리나라에서는 오늘날 지적소유권을 지식재산권으로 그 명칭을 통일하였다.

으로 취득하여 그것을 토지소유자 혼자만이 가지고 향유할 수 있도록 허용하였다고 할 수 있겠는가? 사회구성원 모두가 향유하여야할 개발이익을 토지소유자가 독점하는 것이 천부인권으로 보장되고 있으며 보호되어야 하는가? 저자는 아니라고 생각한다. 사회발전에 따라서 발생한 토지소유자의 노력에 의하지 아니한 개발이익조차도 토지소유자가 독점하도록 한 근대 자유토지사소유권은 결코 천부인권이 아니라고 생각한다. 다만 중세의 토지소유권으로서 인간을 구속하였던 신분구속적인 분할소유권을 극복하여 해체하고자 한 이데올로기였을 뿐이라고 생각한다. 그러나 토지사소유권의 천부인권성을 주장한 계층이 유산자이었고, 그 유산자들이 근세 자본주의 사회를 이끈 중심세력이었기 때문에 그들의 이익을 보호하는 토지소유권의 법제화를 이루어 오늘에까지 이어져 오고 있기 때문에 개발이익도 토지사소유자가 다 가질 수 있도록 법제도화되어 있다. 그러나 그것이 진리는 아니라고 생각한다. 토지사소유권의 천부인권성을 인정한 근대 자연법론자들도 하나같이 소유권은 노동에 의한 産物에 대해서만 인정된다고 하였다. 그럼에도 불구하고 노동의 산물이 아니고 인간 이전에 이미 창조자에 의하여 주어진 토지에 대한 인간의 사소유권을 인정하는 것은 모순이라 아니할 수 없다. 토지는 천부인권의 대상이 아니다. 인간만이 가질 대상도 아니며, 생명 있는 모든 것들의 생존을 위한 기반이고 기초이다. 생명 있는 것들의 고유물이다. 인간은 이용권을 먼저 가졌지 소유권을 먼저 가진 것이 아니다. 따라서 토지에 대해서는 이용권이 먼저이고 우선이며 소유권을 나중이고 후차적인 것이다.

토지에 대한 인간의 권리로서 천부인권으로 인정되어야할 권리는 토지에 대한 만인의 이용권이다. 소위 萬人權[2](All People's Right; Everyman's

2) 여기서의 만인권은 저자가 핀란드에서 법제화되어 보호되고 있는 만인권과 정확히 일치하는 개념으로 사용하지는 않았다. 그 보다도 더 넓은 인간의 토지에 대한

Right)이 천부인권이며 그 만인권이 천부인권으로 보호되어야 한다. 토지는 그것에 대한 이용권이 소유권에 앞선다. 토지에 대해서는 만인이 이용권을 갖고 있다. 비록 타인의 소유에 속하는 토지라 하더라도 공동체 구성원은 이용권을 갖고 있다. 왜냐하면 인간은 토지를 떠나서 존재할 수 없기 때문이다. 토지를 소유하는 사람이든 토지를 소유하지 못하는 사람이든 토지를 이용하지 않고서는 삶을 살 수가 없다. 그러므로 인간에 있어서 토지는 이용권이 소유권에 앞서는 권리이다. 토지에 대한 만인권이 천부인권이라 생각된다. 토지소유권이 천부인권일 수는 없다고 생각된다. 그럼에도 불구하고 자본주의 사회의 근저에는 토지소유권이 천부인권이라는 사상이 여전히 흐르고 있으며 그러한 사상의 기초위에 오늘날의 토지소유권 법제가 구축되어 있다고 생각한다.

토지는 이러한 특징 이외에도 토지는 재생산이 불가능하며 그 양이 유한하며, 장소적 이동이 불가능한 고정성이 있다. 그리고 토지는 현대인만의 것이 아니라 후세대의 것이기도 하다. 또한 토지는 不滅性이 있으며, 자본주의 경제에서는 생산수단이며, 부와 가치의 저장수단이며, 사회적, 정치적 힘의 원천이기도 하며 신분의 상징이기도 하다.

本書에서는, 이러한 토지에 관하여 그 소유권이 중심되는 권리로 구성되어 있는 현행의 토지소유권 법제의 문제점에 관하여 근세 자연법론자들에 의하여 성립된 토지사소유권의 천부인권 사상에서부

이용권이다. 다시 말하면 인간의 토지이용권을 의미하며, 토지소유권중심주의의 현행 법체제에서 토지이용권중심주의로의 전환을 추구하는 사상을 담은 인간의 토지이용권의 의미로 사용하였다. 저자는 토지이용권이 토지소유권에 앞서야 한다고 생각하며, 토지소유자의 노력 내지 투자에 의하지 아니하고 토지에 발생한 토지가치는 모두 만인권에 속히며, 사회발선에 의하여 발생한 토지의 가치도 토지소유자에게 귀속하도록 구조화되어 되어 있는 현행 토지법제는 만인권에 속하도록 전환하는 법사상도 개발하여야 하며 그 법사상을 구체적인 법제도로 재정립해 나가야 한다고 생각한다.

터 사소유권의 否認과 폐지를 주장한 사회주의 사상가들의 토지소유권 사상의 역사를 살펴보고자 하였다. 그리고 이러한 소유권 우위의 법체계하에서 이루어진 변칙적인 토지소유권의 남용현상과 이를 합법으로 인정한 판례와 헌법재판소의 결정들을 비판적으로 검토하고자 하였다. 그리고 나서 최종적으로 토지법제의 새로운 이상을 실현할 수 있는 토지정의에 관하여 나름대로 정리하고자 하였다. 또한 통일 후의 북한토지의 정리방향에 대해서도 기본적인 생각만을 정리하여 보고자 하였다.

제 2 장

근대 自由土地私所有權의 형성과 그 사상적 근거

제2장 근대 自由土地私所有權의 형성과 그 사상적 근거

Ⅰ. 개 설

자유주의와 개인주의를 사상적 기치로 하는 근대사회는 중세의 신분구속적인 봉건사회를 극복하고 생성·발전된 사회로서, 경제적으로는 자본주의를 추구한 사회였다. 그리고 중세의 신분구속적인 봉건사회에서의 토지소유권이 상급소유권과 하급소유권으로 분리되어 상급소유권자가 하급소유권자를 신분적으로 구속한 분할소유권을 유지하던 사회였다. 이러한 신분구속적인 분할소유권을 극복하고 생성된 토지소유권이 바로 근대사회의 자유로운 토지사소유권이었다. 그리하여 근대는 자유토지사소유권의 시대였다.

이러한 근대의 자유토지사소유권의 생성은 사상적으로는 자유주의와 개인주의를 바탕으로 하여 분할소유권에서의 하급소유권이 상급소유권을 흡수하는 방식으로 단일의 渾一한 소유권으로 전환되었으며,[1] 신분구속적이던 부담부소유권에서 부담이 없는 자유사소유권으로 전환으로 이루어졌다. 그리고 토지도 수요에 따라서 무한히 공급될 수 있는 보통의 상품으로 파악하고, 사유재산제도의 근간으

1) 그러나 일본에서는 상급소유권이 하급소유권을 흡수하는 방식으로 근대 자유토지사소유권이 형성되어, 永小作權과 같은 단일의 토지소유권자가 된 상급소유권자가 하급소유권자였던 농민에게 토지를 사용하게 하는 법제도가 생성되었다.

로 토지에 대해서 사소유권을 인정하였다. 그리하여 근대의 토지소유권은 자유토지사유권으로 생성되어 발전하게 되었다. 따라서 근대적 자유사소유권은 전근대적인 인적관계를 토지소유에서 완전히 제거하고 소유권을 오로지 토지에 대한 절대적, 배타적, 지배권을 그 내용으로 하는 소유권이다. 다시 말하면 근대적 자유사소유권은 봉건적 토지소유에서의 인적지배관계가 완전히 제거된 소유권이다.[2)]

근대의 자유토지사소유권은 인간의 토지에 대한 배타적, 절대적인 지배권을 그 내용으로 한다. 이러한 근대의 자유토지사소유권은 중세의 분할소유권에서 하급소유권에 부과되었던 봉건적인 인적부담을 모두 제거하고, 토지에 대하여 외적인 부담이 없는 자유로운 소유권으로서 소유권자가 그 이용과 처분을 자유롭게 할 수 있는 소유권이었다.[3)] 이러한 근대의 자유토지사소유권은 토지에 대한 배타적인 물적 지배권으로서 인간의 자유가 토지에서 구체적으로 실현된 모습이었다.

---

2) 小谷汪之, 山本眞島, 藤田 進, 土地と人間(有志舎, 2012), 98面.

3) 이러한 근대의 자유토지사소유권의 法史에서의 근원은 로마법에서의 소유권(dominium, proprietas) 개념에서 유래한다. 로마법에서는 고전시대와 유스티니아누스법전에서 소유권은 물건에 대한 배타적인 절대적인 지배권으로 인정이 되었다. 게르만법에서는 소유권에 각종의 공동체 부담이 부과되어 있었는데 반하여 로마법에서 절대적 배타적인 소유권을 인정한 것은, 로마에서는 일찍부터 家長이 가족구성권에 대하여 절대적인 지배권인 家長權(paterfamilias)이 인정되었는데, 그러한 절대적 지배권이었던 家長權의 토지에 확장·인정된 것이 바로 절대적인 소유권 개념의 생성 원인이었다고 한다(Vgl., Max Kaser, Rolf Knütel, Römisches Privatrecht, 18. Aufl. (Beck, 2005), S. 110; Heinrich Honsell, Römisches Recht, 6. Aufl.(Springer Verlag, 2006, S. 58; Hans Christoph Binswanger, Eigentum und Eigentumspolitik: Ein Beitrag zur Totalrevision der Schweizerischen Bundesverfassung(Zürich, Schulthess Poligraphischer Verlag, 1978), S. 27). 그리하여 오늘날의 자본주의 사소유권은 로마법상의 소유권의 근대화(Modernisierung des römischen Eigentumsrechts)라고 할 수 있다(Vgl., Elea M. Staerman, "Das römische Bodeneigentum", in: Eigentum: Festschrift für Werner Sellnow zum 70. Geburtstag (hrsg. von Jens Köhn und Burhard Rode, Weimar, Hermann Böhlaus Nachfolger, 1987), S. 79). 그리고 중세의 분할소유권은 주석학파(Glossatoren)에 의하여 창안되어 실행이 되었다(Vgl., Binswanger, a. a. O., S. 28).

이러한 자유토지사소유권은 역사의 진행에 따라서 자연스럽게 형성된 것은 아니다. 근대 시민혁명이라는 대혁명을 거쳐서 비로소 형성된 토지소유제도이며, 토지소유권의 모습이다. 물론 자유토지사소유권의 사상은 시민혁명이전에 이미 주장이 되었으나, 그러한 사소유권 사상의 구체적인 실현은 시민혁명을 통하여 상급소유권자들이 갖고 있던 분할소유권 장부를 모두 불태워 버림으로써 비로소 근대의 자유로운 토지사소유권이 형성되게 되었다.

근대 시민혁명사상은 물론 근대 자연법론자들에 의하여 주장되었다. 그리고 근대시민혁명에서의 口號는 바로 근대자연법론자들이 주장한 근대자연법사상이었으며, 그것은 바로 자유, 평등, 박애였다. 이러한 자유, 평등, 박애의 사상이 근대 시민혁명의 사상적 기초이었다. 그러나 그 중에서도 자유가 가장 강조되었다. 재산부문에서의 인간의 자유는 바로 근대의 자유토지사소유권이었다. 왜냐하면 토지는 생산수단으로서 토지에 대한 자유사소유권의 인정은 바로 인간의 자유의 실현을 위한 재산적 기초를 마련하는 것이었으며, 인간의 이성의 인정과 함께 이성의 자유로운 발현을 가능하게 하는 경제부문에서의 기초가 바로 근대에 생산수단으로서 가장 중요한 재화였던 토지에 대하여 자유로운 사소유권을 인정하는 것이었다. 그것이 바로 근대의 자유토지사소유권이었다. 따라서 근대의 자유토지사소유권은 토지에서의 인간의 이성의 자유로운 실현을 위한 소유형태이었다. 이러한 자유토지사사유권은 근대자연법론자들에 의해서 천부인권으로서 신성불가침한 권리로 주장되었으며, 근대의 시민혁명 법문서인 인권선언, 독립선언 등에서 법적으로 선언되고 또한 확인되었다.

이러한 근대의 자유토지사소유권은 근대자본주의 경제시대의 토지소유형태이었으며 근대자본주의 발전과 함께 이러한 근대 자유토지사소유권도 고도로 발전하게 되었다. 어느 사상이나 제도이든 고도로 발전하게 되면 모순이 발생하게 된다. 자유토지사소유권의 고도의 발전으로 인한 모순 현상은 계약자유의 고도의 발전과 함께 생산수단인 토지를 가진 자는 더욱더 많은 토지를 소유하게 되었으며, 토지를 가진 자가 토지를 갖지 못한 자를 합법적으로 지배하는 사회모순현상의 발생이었다.

이러한 자유토지사소유권의 고도화로 인한 토지를 가진 유산자가 토지를 갖지 못한 무산자를 합법적으로 지배하는 사회모순현상을 시정하기 위한 이론으로 사회주의 사상이 주장되었다. 사회주의는 자본주의에서 인정되고 있던 생산수단에 대한 착취적인 사소유권을 일시에 혁명적인 방법으로 폐지할 것을 주장하였다. 이러한 급진적인 사회주의 사상은 1917년 러시아에서의 볼셰비키 혁명에 의하여 구체적으로 실천되기 시작하였다. 그러나 1990년 구소련의 해체와 동구사회주의제국의 몰락으로 사회주의와 자본주의의 경쟁에서 사회주의가 폐함으로써 자유토지사소유권 폐지를 주장한 사회주의도 받아들여야할 진리가 아님이 증명되었다.

1990년대부터 시작된 자본주의경제체제의 一極化로 인하여 신자유주의사상(neo-liberalism)이 형성되고, 따라서 자유토지사소유권은 더욱더 고도화하여 자유사소유권의 유용성이 더욱더 강조되고 발전하게 되었다. 그러나 신자유주의 사상의 구체적인 실천은 역시 가진 자와 갖지 못한 자간의 兩極化라는 모순현상을 낳았다. 양극화는 사회의 모순현상이다. 서로가 이웃으로 함께 더불어 골고루 잘 사는 평화롭고 조화로운 사회가 인류가 이루어 나가야할 이상적인 사회이다.

그러나 중세의 신분구속적인 사회를 극복하고 이상적인 사회를 이루고자 하여 시작된 근대사회가 오늘날까지 여전히 가진 자와 갖지 못한 자 간의 間隙과 葛藤을 해소하지 못하고 불안한 사회를 이루고 있는 이유가 무엇일까? 과학의 발달에 의해 물질적 풍요를 이룬 오늘날에도 여전히 가진 자와 갖지 못한 자의 계층이 존속하고 갈등관계를 유지하고 있는 근본원인이 어디에 있을까? 자유로운 근대사회로 이끈 사상과 구호는 바로 자유, 평등, 박애이었다.

그러나 역사를 거슬러 살펴보면 근대사회에서부터 현재에 이르기까지 자유는 극도로 강조되고 자유의 실천원리들이 법원리로 입법이 되어 실현되어 왔다. 그러나 박애의 사상은 주장되고 구호로만 외쳤지 박애를 구체적으로 실천할 법원리는 개발되지 못한 채 오늘에 이르고 있다고 생각된다. 자유, 평등과 함께 박애의 사상을 실천할 수 있는 구체적인 법원리들이 정립되고 입법이 되어 실천이 되어야 계층간의 갈등관계가 해소될 수 있을 것으로 생각한다. 박애는 바로 사회에서 정의와 이웃사랑을 실현하고자 하는 사상이며, 그 실천법리를 정립하여 입법하고 실천해 가야할 시대에 왔다고 생각한다.

현대는 근대사회의 연장이다.[4] 그러므로 현대는 여전히 근대사회의 기초사상이었던 자유와 평등과 박애정신의 실천과정에 있다. 그러나 오늘날까지 자유는 극도로 강조하고 실천하여 왔으나, 박애는 주장만 하고 그 실천은 소홀히 하여 왔다고 생각한다. 자유, 평등의 고도화와 함께 박애를 실천하는 법원리의 정립과 입법 및 그 실천이 앞으로 이루어야할 과제이며, 토지법 및 토지경제에서도 실천해 나가야할 과제이다. 本章에서는 이러한 근대 자유토지사소유권의 발전과 모순 및 수정, 그리고 박애정신을 실천할 수 있는 앞으로의 이상적인 발전방향에 대하여 모색해 보고자 한다.

4) 森末伸行, 正義論槪說(東京, 中央大學出版部, 2003), 45面.

Ⅱ. 자유토지사소유권 생성의 사상적 배경과 법적 확인

1. 근대 자유사소유권 생성의 사상적 근거와 사회사상가들

(1) 근대 시민사회의 출현

근대 시민사회는 중세의 봉건사회와는 달리 모든 사람은 이성적인 존재로서 모든 사람의 인격이 인정되고 모든 사람이 평등하며 모든 사람이 자유롭게 활동, 그 중에서도 경제활동을 할 수 있었던 사회였다. 이러한 근대 시민사회를 이끈 사회의 주도세력은 신흥 유산자계층(bourgeoisie)이었다. 이러한 신흥유산자계층은 중세의 신분구속적인 사회에서 영주 밑에서 자신의 재산을 늘린 의사, 변호사, 소상인 등으로서 그들은 재산은 있었으나 신분사회였던 중세에서는 신분이 상승하지 못하여 중세의 봉건사회에 대하여 불만을 가진 계층이었다. 그들은 그들의 인격과 재산을 보호하고 그들의 이성을 최고도로 발휘하여 그들이 사회의 주도세력이 될 수 있는 사회를 꿈꾸었다.

이러한 중세사회에서 지식과 재산을 가지고 있었으나 신분사회에서 신분상승이 되지 않은 중세의 봉건사회를 극복하고자 하는 사상은 신대륙의 발견, 종교개혁 등으로 인간의 이성이 인정되고 존중되어 감으로써, 인간은 신분에 따라서 삶을 이어가야 하는 존재가 아니라, 자신의 이성을 발휘하여 합리적으로 자신의 인격을 자유롭게 전개하고 재산을 늘려나갈 수 있는 자유로운 인격적 존재임을 인정하게 되었다. 이러한 인격을 가진 인간은 바로 유산자계층이었다.

이러한 유산자계층의 인격의 자유로운 전개와 부의 축적을 용인하는 사상과 법제도의 마련이 근대 자연법론자들에 의하여 주장되게 되었다. 또한 이러한 유산자들이 자유롭게 활동하고 富를 축적할 수 있는 사상이 바로 인간 모두에게 자유와 평등의 보장과 인간의 이성에 의한 자유로운 활동의 결과로 얻은 재산축적의 보장이었다. 이러한 인간의 자유와 평등 및 사유재산을 보장한 사상이 바로 근대의 자유주의와 개인주의였다. 자유주의, 개인주의의 재산에서의 표현은 바로 자유사소유권의 인정이었다.

근대 자연법론자들에 의한 자유, 평등, 사소유권은 不可讓의 천부인권으로 인정되었다. 이와 같이 인간의 자유와 평등과 사소유권을 천부인권으로 주장하고 인정한 것은 근대사회의 중심세력인 유산자들로 하여금 그들의 자유와 경제활동을 최대한 보장하기 위해 주장된 사상이었다. 그리하여 근대사회는 자유로운 사회였으며, 사유재산권이 보장된 사회였다. 그것이 토지에서는 자유로운 토지사소유권의 보장으로 구현되었다.

근대 자연법론자들이 주장한 사상의 주체였던 시민은 이념적으로는 모든 사람이었다. 그러나 현실에 있어서는 무산자(proletariat)는 제외되었다. 무산자들에게는 비록 이념적으로 그들에게 자유사소유권이 인정되었지만 구체적으로 향유할 사유재산을 갖지 못하였던 것이었다. 그러므로 근대시민사회는 이념적으로는 모든 사람이 시민이었지만 구체적인 근대시민권의 향유는 유산자계층에 집중되어 있었다. 그리하여 근대시민사회는 근대유산자계층이 주도세력이 되어 발전된 사회였다.

이러한 유산자계층은 근대자연법론자들에 의하여 그들의 인격과 재산을 천부인권으로 보호를 받으면서, 현실에 있어서는 봉건적 잔재가 남아있었던 근대초의 絕對王政을 혁명의 방법으로 제거한 다음에야 명실상부한 그들, 유산자들의 시대를 열 수 있게 되었다.

(2) 근대자유사소유권 인정의 사상가들과 그들의 주장내용

가. 사소유권을 불가침의 천부인권으로 인정한 자연법 사상과 사상가들

근대 자유토지소유권은 근대 자연법론자들에 의하여 사상적으로 주장되었다. 물론 근대 자연법론자들의 주장 중에서도 자유사소유권을 천부인권으로 주장한 자도 있고, 사소유권을 주장을 하였지만 국가의 강력한 규제하에 두어야 한다는 견해도 있으며, 사소유권을 인정할 것인가 아니면 사소유권을 부인할 것인가에 대하여 확실한 결론을 내리지 못한 사상가들도 있었다. 그러나 결국에 있어서는 근대 자연법자들 중에서 사소유권을 천부인권으로 인정한 견해가 받아들여져 근대의 시민사회, 즉 경제적으로는 근대의 자본주의사회가 열리게 되었다. 무엇보다도 천부인권을 주장한 근대자연법론자들의 자연법 사상은 근대초기에 왕국의 토지와 臣民을 모두 소유하고 있었던 無所不爲의 절대전제군주제하의 절대왕정을 극복하고 가장 이상적인 사회를 이루고자 하는 이상주의 사상이었다.

사소유권은 그로티우스에 의하여 인정되기 시작하여, 로크는 근대의 자유사소유권을 천부인권으로 인정하여 국가는 천부인권인 불가침의 사소유권을 절대적으로 보호할 것을 주장하였다. 그리고 로크의 자유사소유권은 아담 스미스, 칸트 등으로 이어지면서 자유사소유권의 당위성이 인정되고, 인권선언, 독립선언 등에서 법적으로 확인되고, 근대시민국가의 헌법과 민법에서 입법이 되었다.

그로티우스(Hugo Grotius: 1583－1645)는 정당한 理性의 명령을 자연법으로 이해하고, 소유에 있어서는 공동소유가 원칙이지만, 인간은 욕망에 의해 더 많이 차지하기 위하여 서로 간에 싸움이 일어나므로 평화를 유지하기 위하여서는 사유재산제가 요청된다고 하였다.[5] 이

5) Michael Werder, Eigentum und Verfassungswandel(Schweiz, Diessenhofen, Verlag

러한 사유재산제에서의 사소유권은 인간의 명시적 및 묵시적인 합의에 의하여 성립하며, 先占에 의하여 한 사람이 독점하면 다른 공동소유자들이 그 선점에 동의한 것으로 합의를 추정하여 그 선점에 소유권을 인정하였다.[6] 토지는 본래 신에 의하여 주어진 공동의 재화이지만, 토지사소유권은 신에 의하여 주어진 것이 아니라, 선점에 대한 개인 간의 동의(Zustimmung)에 의하여 주어진다고 하였다. 그리하여 그로티우스는 사소유권의 源泉은 神에 있지 아니하고 인간의 本性인 社交性에 있다고 하였다.[7] 그로티우스는 선점에 의한 사소유권을 인정하였지만 그 사소유권을 불가침의 천부인권으로까지는 주장하지 아니하였다. 또한 사소유권의 한계도 주장하지 않았다.[8]

근대 사소유권의 불가침성과 천부인권으로의 인정은 존 로크(John Locke: 1632－1704)에 의하여 주장되었다. 로크는 자연상태와 사회상태를 구별하고 자연상태를 평화적이고도 牧歌的인 사회로 想定하였으며, 자연상태에서는 자연법에 따라서 모두가 재산을 소유하며, 사회계약에 의하여 자연상태에서 인정된 천부적인 사소유권과 인간의 권리를 보호하기 위하여 인간은 국가를 만들어 사회상태로 진입하며, 사회상태에서의 국가의 임무는 자연상태에서의 인간의 천부적인 권리를 보호하는데 있으며, 이에 반하여 국가가 인간의 천부적인 자연권을 보호하지 아니할 때에는 그 폭군을 제거할 수 있는 저항권이 인간에게 유보되어 있다고 주장하였다. 이러한 로크의 자연상태와 사회상태의 구별, 사회계약에 의한 국가 성립의 인정, 사회계약에 의하여 자연권을 보호함이 국가의 목적이지만 저항권을 유보하여 폭군방벌론을 주장한 것은 당시의 절대전제군주에 의한 절대왕정의

Rüegger, 1978), SS. 175－176; 강태성, "후고 그로티우스와 죤 로크의 소유권 사상", 영남법학 제2권 1·2호(영남대학교 법학연구소, 1985), 341면.

6) 강태성, 상게논문, 343면.

7) Werder, a. a. O., S. 175.

8) A. a. O., 177.

폭정을 제거하고 시민에 의한 근대시민사회를 열기 위한 사회사상이었다. 이러한 로크의 자연법 사상은 근대시민혁명의 사상적 기초가 되었으며, 근대시민혁명의 당위성과 정당성을 옹호한 혁명적 성격을 지닌 사상이었다.

로크에 의하면 자연상태에서 인간이 태어날 때부터 가지고 있는 권리를 자연권이라 하고, 그러한 자연권에는 인간의 생명, 신체, 자유, 소유권이라고 하였다. 로크에 있어서 자연상태에서의 소유권은 법선재적으로(vorrechtlich) 존재하였으며, 그 자연상태에서는 어느 누구에게도 재화에 대한 사소유권은 인정되지 않았지만,[9] 자연권으로서의 소유권은 우주와 같이 不可變的인(unwandelbar) 것으로 이해하였다.[10] 그러나 자연상태에서도 인간은 자기 신체에 대해서는 그의 소유권, 즉 사소유권이 인정되고 자기보존권(Recht auf Selbsterhaltung)이 인정되었다고 하였다.[11] 로크는 이러한 자연상태에서의 자연권인 소유권을 계속 유지하기 위하여 사회계약을 체결하여 국가를 만들어 사회상태에서도 국가로 하여금 이러한 사소유권을 보호하도록 하였다고 이론구성을 하였다.[12] 이처럼 로크는 사소유권의 보호를 국가의 목적으로 이론구성하였다.[13][14]

그리하여 로크는 사소유권은 자기노동으로부터 나온다는 노동가치설을 주장하였다. 인간은 이 세상의 재화에 대하여 사소유권

9) A. a. O., SS. 2-3.
10) A. a. O., S. 4.
11) A. a. O., S. 5.; 中山元, 正義論の名著: ちくま新書 907(東京, 筑摩書房, 2011), 98面.
12) 로크는 자연상태에서의 자연권으로서의 소유권과 사회상태에서의 노동에 의한 사소유권의 개념을 구분하여 사용하고 있으나, 그 보호에 있어서는 양자 모두가 천부적인 불가침의 권리로 파악하고 있다고 해석된다. 그러나 자연상태에서의 소유권은 공동소유권이며 사회상태에서의 사소유권은 절대적, 배타적인 단독 소유권이다. 로크가 천부인권으로 불가침적으로 보호하고자 한 사소유권 이론은 사회상태의 사소유권을 자연상태에서의 소유권과 마찬가지로 자연권으로 보호하려고함에 있었다고 해석된다.
13) Marietta Auer, Der privatrechtliche Diskurs der Moderne (Mohr Siebeck, 2014), S. 24.
14) 물론 로크에게 있어서의 소유권(property)은 생명(life), 자유(liberty), 재산(estate)을 포괄하는 넓은 개념으로 사용되었다(Vgl., a. a. O., S. 25).

(Privateigentum)을 갖지 않지만, 인간은 자기의 신체에 대해서는 사소유권을 갖고 있으므로, 신체에 의한 노동의 산물에 대해서 역시 사소유권이 인정된다고 하였다.[15] 그리하여 자기 신체에 의한 노동의 결과로서 재화에 대한 先占(Aneignung)을 하게 되면 그 선점한 물건에 대한 사소유권이 생성된다고 하였다.[16] 이러한 노동인 선점에 의한 사소유권 인정설이 바로 로크의 노동에 의한 사소유권 인정설인 노동가치설이다. 더 나아가 로크는 노동의 산물만이 사소유권의 대상이 되는 것을 넘어 노동의 前提 내지 노동의 條件에도 사소유권이 인정된다고 하였다.[17] 예컨대 경작하기 위한 토지에도 그 토지가 노동할 수 있는 전제가 되므로 그 토지에 대해서도 사소유권이 인정된다고 하였다. 그리하여 로크에게 있어서의 노동에 의한 사소유권 인정은 확장되어 갔다.

그리고 로크의 노동에 의한 사소유권의 성립사상은 그로티우스와는 달리 다른 사람의 동의에 의하여 사소유권이 인정되는 것이 아니라 선점함으로써 바로 사소유권을 취득한다는 점이다. 이는 로크의 사소유권 사상이 극히 개인주의적인 사상임을 보여주고 있다.[18]

이와 같이 로크는 노동에 의한 사소유권의 발생을 주장하면서 동시에 사소유권의 한계를 주장하였다. 사소유권은 무제한의 천부인권이 아니라, 선점은 다른 사람의 생존을 위하여 필요한 만큼 충분히 남겨두어야 하며, 자기 자신이 필요로 하는 정도 이상의 사소유권의 취득은 인정되지 아니하며, 자기가 노동하여 취득한 범위 내에서만 사소유권이 인정될 수 있다고 하였다.[19][20] 그리하여 로크의 사소유권

15) Werder, a. a. O., S. 5.
16) A. a. O., S. 5.
17) 中山元, 前掲 正義論の名著, 99면
18) Werder, a. a. O., S. 5; 高橋一行, 所有論(御茶の水書房, 2010), 5面.
19) Werder, a. a. O., S. 6.
20) 로크는 노동소유권을 주장하였지만 무제한의 소유가 아니라 타인에게도 그의 노동에 의한 소유가 가능할 수 있도록 배려하는 사상이 전제되어 있어서 로크의 노동소유권은 도덕적으로 용인될 수 있다. 현재의 자유지상주의 사회사상가(libertarian)

사상은 타인을 위한 배려가 강조되는 사상이다. 따라서 로크에게 있어서의 사소유는 타자에 대한 배려가 있어야하고, 타자에 대한 배려는 그 타자로부터의 자기 소유에 대한 승인을 의미한다. 그러므로 로크는 직접적으로 사소유권의 성립에 타자로부터의 승인을 요한다고 설명하고 있지는 않지만, 누구나 자기의 소유는 타자의 승인을 받아서 존재하고 또한 보호된다는 사고를 前提하고 있다고 해석되기도 한다.[21] 이러한 로크의 사소유권 사상은 자본주의를 옹호한 사상이었다.[22]

이와 같은 로크의 노동에 의한 사소유권의 인정 사상은 자연상태에서 자연권으로서의 소유권과 사회상태에서의 노동에 의한 사소유권간의 구별을 제거하고 사소유권을 불가침의 천부인권으로 인정하게 하였으며, 노동하지 않고 인정되는 중세의 상급소유권의 부당성을 지적하면서 이러한 분할소유권을 극복하고자 하는 혁명적이고 저항적인 사상이었다.[23] 그리고 로크의 노동에 의한 사소유권 사상은 사소유권을 천부의 자연법적인 권리로 파악하고자 하는 소유권 이론의 사상적 기초가 되었으며, 사회주의자도 공리주의자도 공감하여 받아들인 소유권 사상이 되었다.[24] 로크는 사람의 인격은 소유와 함께 신장된다고 하였다. 왜냐하면 재화를 소유하여야 인격의 자유전개가 가능하기 때문인 것으로 파악하였다.[25]

인 노직(Robert Nozick: 1938−2002)은 인간의 자유는 사적소유권에 근거하며, 그 사적 소유권은 인간의 노동에 의하여 취득하게 된다고 하는 노동소유권의 점에서는 로크와 마찬가지이나, 로크는 타인의 생존을 위하여 무제한의 소유를 제한하는 도덕적인 견해를 피력하였으나 노지크는 그것을 시장시스템에 맡겨두면 족하다고 하였다(Vgl., 森末伸行, 正義論概說(日本, 中央大學出版部, 2003), 119面). 이처럼 노동소유권을 근대의 자유사소유권의 근거로 삼았지만, 자본주의의 발전에 따라서 현대의 자유지상주의자들은 무제한의 소유를 용인하는 방향으로 발전하게 되었다. 그러한 자유지상주의 사상이 경제면에서 근대자본주의가 신자유주의로 변화에 나감에 그 사상의 근거가 되었다고 판단된다.

21) 高橋一行, 前揭 所有論, 10面.

22) 上揭書, 9面.

23) Werder, a. a. O., SS. 8−9.

24) A. a. O., S. 10.

25) 高橋一行, 前揭 所有論, 26面.

그리고 로크의 천부인권으로서의 노동에 의한 사소유권 사상은 자유주의적, 시민적 소유권으로서 근대의 사소유권 인정의 기본이론으로 받아들여졌으며, 명예혁명에 의한 권리장전, 버지니아 권리장전, 미국독립선언, 프랑스 인권선언, 독일의 프랑크푸르트제국헌법,[26] 바이마르 헌법, 오늘날의 각국의 헌법상의 재산권, 즉 소유권 보호에 관한 규정에서 반영되고 있다.[27]

영국의 아담 스미스(Adam Smith: 1723－1790)도 노동에 의한 자유사소유권을 옹호하였다.[28] 그는 사소유권은 노동에 의하여 성립하며, 그 노동소유권은 신성하고 불가침임을 인정하였다.[29] 그러나 노동하지 않은 자본가의 사소유권의 취득을 설명함에는 문제가 발생하였다. 그러나 자본은 자본가에 의하여 축적된 노동(gespeicherte Arbeit des Kapitalisten)이라는 이론에 의하여 자본가의 사소유권 취득의 근거를 역시 노동가치설로 인정할 수 있게 되었다.[30] 또한 로크는 사소유의 제한으로서의 노동생산물을 필요이상으로 취득하여 생산물을 腐敗케하는 것을 용납하지 않는다고 하였으나, 화폐의 사용에 의하여 필요이상의 노동생산물도 사유할 수 있게 되었다. 그리하여 화폐의 사용과 자본주의적 생산에 의하여 로크의 사소유권 제한의 주장에도 불구하고 불평등한 사유재산이 형성될 수 있게 되었다.[31] 그리고 불평등한 사유재산의 형성의 인정은 사회 전체적으로 부의 증대를 가져온다는 공리주의 사상도 근대의 사소유권 인정과 확대의 사상적 배경이 되었다.[32]

26) 1849년 프랑크푸르트에서 국민회의에 의하여 의결된 통일제국헌법으로서 자유주의적인 성격을 가졌다. 그러나 통일제국을 반대하고 독일연방으로 머물고자 한 지방 군주들의 반대로 1년만에 폐지되고 말았다.
27) Werder, a. a. O., S. 4.
28) A. a. O., S. 12.
29) 강태성, 전게논문, 359면.
30) Werder, a. a. O., S. 13.
31) 中山元, 前揭 正義論の名著, 103면.
32) Werder, a. a. O., S. 13.

영국의 흄(David Hume:1711-1776)은 개인의 토지의 선점, 즉 점유가 공동체 구성원들의 묵시적인 승인, 즉 黙約에 의해 그의 소유권으로 인정되었다고 하였다.[33] 여기서 공동체 구성원들의 묵약은 바로 사회계약론자들이 말하는 사회계약은 아니고 공통이해의 일반적인 감정을 의미한다고 하였다.[34] 따라서 흄에 있어서의 묵약은 법적인 계약이 아니라 도덕적인 공감이며, 정의의 근원이 된다고 하였다.[35] 그리하여 흄은 사회적인 묵약에 의하여 개인의 토지점유가 토지소유권으로 승인되었다고 하였다. 그러나 그는 토지사소유권이 천부인권이냐에 대해서는 명확히 밝히지 아니하였다. 그리고 흄은 인간은 利他性과 利己性을 모두 함께 병존적으로 가지고 있는 존재이며, 사소유권은 물론 도덕과 정의도 사회구성원들의 묵약에 의하여 생성되며, 묵약을 강력히 지키기 위하여 국가의 성립이 필요하다고 하였다.[36] 또 한편으로 사람은 국가권력에 복종하여야 하며, 국가는 구성원들에게 의무를 부과하게 된다고 하였다.[37] 그리고 프랑스의 몽테스키외(Charles Louis de Montesquieu: 1689-1755)도 역시 사소유권을 강조하고 옹호하였다.[38]

칸트(Immanuel Kant: 1724-1804) 역시 자유사소유권을 옹호하였다. 칸트는 로크의 사소유권 사상을 출발점으로 하여 자유사소유권을 인정하고 옹호하였다. 그러나 로크와는 달리 노동에 의하여 사소유권을 취득한다고 설명하지 아니하고, 특정대상에 대한 인간의 자유로운 의사결정에 의한 정신적인 자유활동에 의해서 사소유권을 취득할 수 있게 된다고 설명하였다.[39] 다시 말하면 칸트는 인간의 자

33) 高橋一行, 前揭 所有論, 33面.
34) 中山元, 前揭 正義論の名著, 143면.
35) 上揭書, 144面.
36) 高橋一行, ホッブズからヘーゲルへ: 全體論の可能性(信山社, 2001), 47-49面.
37) 上揭書, 50面.
38) 小谷汪之, 山本眞島, 藤田 進, 土地と人間 (有志舍, 2012), 69面.
39) Werder, a. a. O., S. 189.

유, 그 중에서도 인간의 의사의 자유를 극도로 강조하고, 그 인간의 의사에 의한 인간의 정신적인 자유활동인 의사결정에 의하여 사소유권을 취득할 수 있다고 설명하였다. 이러한 칸트의 인간의 의사의 자유로운 활동에 의한 사소유권의 취득은 선점에 의해서 점유를 하고, 그 선점에 의한 점유에 대해 사회구성원 전원이 그 선점에 의한 점유를 승인함으로써 소유권이 성립한다고 하였다.[40] 이를 확대하면, 이러한 승인은 서로간에 자기 소유에 대한 타자의 자유의사에 의한 승인을 의미하는 것으로 해석되고 있다. 따라서 칸트는 각자의 자유의사에 의한 사소유권의 취득과 타자로부터의 그 자의 자유의사에 의한 승인에서 사소유권 정당화의 근거를 찾았다.[41] 이와 같이 로크는 토지는 모두 공동소유이었으나 이것에 노동을 가하여 사소유로 하였다고 이론구성을 하였으나, 칸트는 공동체 구성원들의 자유의사로 선점에 의해 사소유권을 취득하고 그것은 서로간에 타자의 사소유를 그의 자유의사에 의하여 승인하는 것이기 때문에 사소유권이 인정되었다고 해석되고 있다.[42] 이와 같이 칸트는 로크와는 달리 소유는 공동체구성원들의 의사에 기초하여 인정된다고 파악함으로써 타인, 즉 인간의 의사를 존중하는 입장에 있었다.[43]

이와 같은 칸트의 인간의사의 자유 사상은 그 후 사비니(Friedrich Carl von Savigny, 1779-1861)와 독일과 자유법론가들에게 傳授되었으며, 독일의 판덱텐법학에 영향을 주어 인간의 의사의 자유와 자유의사의 활동을 강조하게 되고, 그것은 동시에 자유로운 사소유권의 인정과 강화로 발전하게 되었다.[44][45]

40) 김남두 엮어 옮김, 재산권 사상의 흐름(도서출판 天池, 1993), 252면.
41) 高橋一行, 前揭 所有論, 10面.
42) 上揭書, 19面.
43) 上揭書, 26面.
44) Werder, a. a. O., SS. 188, 190.
45) 칸트가 이상적인 인간상으로 상정한 사람은 그의 정언명령하에서 그 定言命令을 지키는 순수한 선한 의지의 사람이었다(Vgl., 高橋一行, 前揭書, 31面; 高橋一行,

이와 같이 근대 자연법론자들에 의한 노동에 기초한 자유사소유권의 인정은 시대의 변화에도 불구하고 자본주의 경제의 발전과 함께 서구 자본주의 경제의 핵심적인 내용으로 정착하게 되었다. 이러한 자유사소유권은 노동가치설, 인간의 자유, 인간의사의 자유, 자본주의 경제의 발전에 따라서 서구 제국의 확실한 소유제도로 정착하여 오늘에 이르고 있다. 물론 자유사소유권이 낳은 부작용도 적지 아니하지만 여전히 자유사소유권, 특히 자유 토지사소유권은 자본주의 자유국가의 근간이 되는 소유제도로 발전되어 오늘에 이르고 있다. 이러한 자유사소유권은 로크에 의해서 천부인권으로 인정되고, 근대 시민혁명의 결과를 담은 법문서에서 명시적으로 밝히고 있으며, 근대민법전에 입법되어 지금까지 자본주의 자유시장경제의 中核으로 기능하고 있다.

이와 같이 로크에 의한 근대 자유사소유권의 천부인권으로의 인정과 그의 사상에 기초한 근대의 헌법문서에서의 확인 및 근대 민법에서의 배타적, 절대적, 사적 지배권으로서의 근대 자유사소유권의 입법은 이러한 사소유권이 인간의 자유를 보장하는 기반이 되었다. 그리하여 근대 私的 所有權은 인간을 자유롭게 한다는 土地神話에 기초하다고 있다고 평가되기도 한다.[46]

ホッブズからヘーゲルへ: 全體論の可能性(信山社, 2001), 72面). 그리고 정언명령은, "만약 무엇이 되려고 하면 그 무엇을 하라"라는 것과 같은 전제를 둔 假言命令이 아니라, 전제와 관계없이 무조건으로 반드시 이렇게 해야 또는 그렇게 되어야 한다고 하는 명령이다. 그리하여 칸트에게 있어서는 인간행동의 최고원칙인 도덕법칙은 그 자체가 최고의 가치를 지니며 목적을 위한 수단이 되지 않는다. 따라서 도덕법칙은 定言的, 斷言的인 지상명령인 것이다. 그러므로 칸트에게서의 정언명령은 무조건적이며, 어떤 선행적 목적이나 목표에 의존하지 않는 사람이 지켜할 도덕법칙이다. 칸트에게서의 정언명령은 어떤 상황에서도 타당한 도덕법칙으로서 사람은 그의 행동준칙을 어떠한 상황에서나 누구에 대해서나 타당하게 보편화하고, 다른 사람을 수단으로서가 아니라 목적으로 대하라는 명령이었다.

46) 小谷汪之, 山本眞島, 藤田 進, 前揭 土地と人間, 85面.

나. 사소유권을 인정하지만 천부인권으로의 인정을 부인하는 사상과 사상가들

토지에 대한 사소유권을 인정하고 사회계약에 의하여 국가가 형성되었다고 주장한 근대 자연법론자 중에서도 로크와 같이 사소유권은 자유로운 소유권을 아니라 국가의 강력한 규제하에 두어야 한다는 자연법 사상과 자연법론자들이 있다. 로크는 자연상태는 평화적이고 목가적인 사회로 이해하고, 사회계약에 의하여 자연상태에서 인정된 자연권으로서의 자유토지사소유권을 사회상태에서도 수호하고 보호하여야 하며, 국가가 그 일을 담당하여야 한다고 주장하였다. 그리고 그는 인간을 선한 존재로 이해하였다. 그러나 자연상태를 투쟁적인 전쟁상태로 이해하고, 이러한 전쟁상태를 終熄시키기 위하여 사회계약을 하여 국가를 만들고 국가가 강력하게 시민의 사소유권을 규제하여야 한다는 사상을 펼친 근대자연법론자들은 사소유권의 천부인권성을 부인하고 국가의 규제하에 두어야 하는 권리로 이해하였다. 또한 이러한 견해를 피력한 자연법론자들은 한결같이 인간을 이기적이고 악한 존재로 파악하였다.

이러한 자연상태를 만인이 만인에 대한 투쟁상태로 파악하고 사회상태에서는 사소유권은 인정하지만 천부인권이 아니라 국가의 규제하에 두어야 한다고 주장한 근대 자연법론자로는 영국의 홉스(Thomas Hobbes: 1588－1679), 네덜란드의 스피노자(Baruch Spinoza: 1632－1677), 독일의 피히테(Johann Gottlieb Fichte: 1762－1814), 헤겔(Georg Wilhelm Friedrich Hegel: 1770－1831) 등을 들 수 있다. 홉스는 인간을 투쟁적이고 이기적인 존재로 파악하였다.[47] 또한 홉스는 인간의 능력은 평등하고 서로가 서로간에 敵이 된다고 이해하였다. 그리고 그는 이러한 인간간의 다툼은 경쟁, 불신, 誇示의 3가지가 그

47) 高橋一行, 前掲書, 31面; 高橋一行, ホッブズからヘーゲルへ: 全體論の可能性(信山社, 2001), 13面.

원인이라고 하고, 인간은 언제나 죽음의 위험에 처해 있으며, 이러한 전쟁상태에서는 법도 不正도 소유도 지배도 없다고 하였다.[48] 홉스는 인간은 이기적인 존재이지만 자연상태에서의 죽음의 공포로부터 해방되기 위한 최소한의 협력하는 마음, 즉 社會性(Geselligkeit)이 있다고 파악하였다.[49] 홉스는 이러한 전쟁상태를 자연상태라고 파악하였으며, 이러한 전쟁상태를 회피할 가능성은 죽음의 공포와 이성이며, 이러한 죽음의 공포로부터 평화를 찾아야 하겠다는 이성에 의한 사회계약이 법과 국가를 만든 源泉이며, 죽음을 피하고 평화를 구하고 싶다는 이성의 작용으로 도출한 법은 평화를 추구함으로 그 법이 바로 자연법이라고 하였다.[50] 그리하여 홉스는 사회계약에 의하여 평화의 법을 추구하였기 때문에 그는 근대 자연법론자이며, 사회계약론자로 인정받고 있다.

홉스는 사회계약에 의하여 국가가 성립되고, 국가는 투쟁적인 자연상태를 극복하여 평화의 사회상태를 이루기 위하여 시민들의 권리를 위임받으며, 국가는 사회안정을 위하여 시민에 대하여 無所不爲의 권력을 행사할 수 있다고 하였다.[51] 그리고 그는 시민의 저항권을 부인하였다. 또한 홉스는 사회계약에 의하여 개인으로부터 권리의 이양을 받은 국가는 정의를 이루어야 하고, 정의는 각자에게 그의 몫을 주는 것으로 파악한 배분적 정의를 실현하여야 하므로, 이러한 배분적 정의를 실현하기 위해서는 각자의 몫으로 사소유권을 인정하여야 한다고 하였다.[52] 그리고 홉스도 역시 자연법론자로서 그에게 있어서의 자연법론은 전쟁상태인 자연상태를 종식시킬

48) 高橋一行, 上揭 ホッブズからヘーゲルへ, 27面.
49) 上揭書, 34面.
50) 上揭書, 31面.
51) 이러한 홉스의 자연법론은 그가 살았던 영국은 왕당파와 의회파가 서로 투쟁하던 시대였고, 홉스는 왕당파를 지지하였기 때문에 자기가 처한 입지를 정당화한 이론이기도 하였다. 로크는 의회파에 속해 있었다.
52) 中山元, 前揭 正義論の名著, 80面.

수 있는 법으로서 자연권을 제약하는 법이었다.[53] 그리하여 홉스에게 있어서의 사회상태의 소유권은 사소유권이었지만, 강력한 국가의 통제와 규제하에 있는 권리였다. 그리하여 홉스는 로크와는 달리 사소유권의 천부인권성을 인정하지 않았다.

홉스의 사상에 기초하여 스피노자와 피히테도 인간을 이기적인 존재로 이해하고 사회평화를 이루기 위하여 사회계약을 체결하였다고 이해하면서, 사소유권을 인정은 하였으나 국가의 규제하에 두어야 한다고 하였다. 스피노자는 자연권과 자연법은 자연의 諸規則으로서 이성을 가진 자도 이성을 갖지 못한 자도 다 주장할 수 있다고 함으로써, 결국 자연권은 이성에 의해서가 아니라 욕망에 의해서 결정된다고 하였다.[54] 그러므로 그에 의하면, 자연권은 폭력적 수단으로 행사된다고 하게 되고, 자기의 목적달성에 방해가 되는 자는 敵으로 보게 된다고 하였다.[55] 따라서 스피노자에게 있어서도 자연상태는 적대상태이었다.

이러한 적대상태인 자연상태에서 인간은 지긋지긋하게 살아갈 수 밖에 없으며, 이러한 자연상태를 극복하여 평화롭게 살아가기 위해 사회계약을 체결하며, 그 사회계약에서 인간은 그의 자연권을 최고권력자에게 양도하였다고 하였다.[56] 최고권력자는 인간을 강제할 수 있는 힘을 가지고 공포스러운 重罰로써 制御를 하지만 사람들은 보다 큰 善의 희망과 공포로부터 벗어날 수 있는 희망을 갖게 된다고 하였다.[57] 그리고 스피노자는 2중의 사회계약을 체결한다고 하였다. 즉, 사람들끼리 국가를 구성하기로 하는 사회계약을 체결하고, 그 다음에는 국가와 공동체간에 자연권을 이양하는 계약을 체결한

53) 上揭書, 77面.
54) 高橋一行, 前揭 ホッブズからヘーゲルへ, 63-64面.
55) 上揭書, 64面.
56) 上揭書, 64面.
57) 上揭書, 64面.

다고 하였다.[58)59)] 그러므로 스피노자의 2중의 사회계약에 의하면 개인의 사소유권은 인정은 되나 국가의 강력한 규제하에 놓이게 된다.

피히테도 역시 홉스와 같은 사회계약론에 입각하여, 인간은 공동체를 구성하는 1인과 다른 모든 사람이 상대방이 되는 재산계약과, 자신의 재산권이 침해받았을 때에 이를 보호받을 수 있는 보호계약을 체결한다고 하였다.[60)] 이러한 2개의 재산계약과 보호계약은 모든 사회의 구성원 모두가 자기의 1인과 나머지 모두의 구성원간에 체결된다고 하였다. 그러므로 재산계약과 보호계약은 모든 공동체구성원의 상호계약이 되는 것이었다. 따라서 모든 인간은 서로 다투지 아니하고 침해받지 않을 것이라는 기대를 가지며, 또한 누군가가 공격을 받을 가능성은 있지만 구체적으로 누가 피해자가 될지는 알 수 없는 불안한 평화상태를 유지하게 된다고 하였다. 이러한 불안한 평화상태를 보다 공고히 하기 위하여 피히테는 국가가 생성되었다고 이론구성하고, 국가가 강력하게 평화상태를 유지해 나가야 한다고 주장하였다.[61)]

그리고 피히테는 재산계약과 보호계약은 합하여 하나의 合一契約이 되며, 개인은 전체와 계약을 체결하고 또한 개인각자가 그 계약을 지킬 것을 보증하며, 서로가 이 계약의 이행에 助力하기 때문에 나도 조력한다는 것을 전제하고 있다. 그리하여 피히테도 인간을 이기적인 존재로 파악하였다.[62)]

이와 같이 자연상태를 평화로운 목가적인 상태로 이해한 자연법론자들은 인간을 이타적인 존재로 파악하고 사소유권을 천부인권으로 인정하였으며, 사회계약에 의하여 성립한 국가도 작은 국가로, 그리고 저항권을 인간에 유보하여 국가의 일탈을 방지하고자 하였다.

58) 上揭書, 64面.
59) 이와 같이 2중의 사회계약에 의하여 국가가 성립하고 국가가 권력을 행사하는 체제를 스피노자는 민주제라고 하였다(Vgl., 上揭書, 64面).
60) 上揭書, 69面.
61) 上揭書, 70面.
62) 上揭書, 71面.

그러나 자연상태를 적대상태로 파악한 자연법론자들은 인간을 이기적인 존재로 파악하였으며, 사소유권을 인정은 하였지만 천부인권성을 부인하고, 사회계약에 의하여 성립된 국가가 절대적인 권력을 행사할 수 있도록 인정하였으며, 인간에게 국가에 대한 저항권의 유보를 인정하지 아니하였다. 이러한 두 방향의 근대 자연법 사상 중에서 근대 시민국가는 전자의 자연상태를 평화로운 상태로 이해하고 사소유권을 천분인권으로 인정하며, 저항권을 인정하는 자연법 사상을 받아들이고 이를 더욱 발전시켜 오늘에 이르고 있다.

헤겔도 역시 소유권에 관하여는 홉스의 견해를 이어받고 있다. 헤겔은 사람은 精神을 가진 존재로서 자기의 신체를 소유하며 이것으로부터 물건의 소유로 나아간다고 하였다.[63] 그리고 스스로의 노동으로 취한 것이 그의 소유가 된다고 하여 노동가치설을 따르고 있다.[64] 또한 헤겔은 그의 물건에 대한 소유가 사회로부터 승인되어야 자연의 소유로 인정되며, 그러한 자연의 소유의 標識는 다른 사람을 그 물건으로부터 배제하는 것으로서 물건에 대한 자신의 의지를 표시하는 것이라고 하였다.[65] 소유의 표지의 가장 완벽한 방법은 점유라고 하였다.[66] 그리고 헤겔은 소유의 대상이 된 물건을 이용하지 않으면 시효에 의해서 그 물건은 無主物로 된다고 하였다.[67]

이와 같이 헤겔은 사람은 노동으로 생산물을 수확하며 노동으로 잉여도 생긴다고 하였다.[68] 그리고 이 잉여는 타인도 사용할 수 있다고 하였다. 그리고 점유는 타인과의 관계에서 소유로 되며, 그 소유로부터 권리가 발생한다고 하였다.[69] 소유의 보편성[70]이 권리라

63) 高橋一行, 前揭 所有論, 69面.
64) 上揭書, 69面.
65) 上揭書, 70面.
66) 上揭書, 70面.
67) 上揭書, 70面.
68) 上揭書, 74面.
69) 上揭書, 75面.
70) 여기서의 보편성은 모든 사람이 각각 타자의 점유를 서로 승인하여 모든 사람이

고 하였다. 이와 같이 헤겔은 공동체 구성원들 모두의 상호승인에 의하여 모두가 자기의 소유를 인정받게 된다고 하였다.[71] 이처럼 헤겔은 사람과 사람간의 관계를 상호승인의 관계로 보았다.[72] 따라서 헤겔은 사람은 노동에 의하여 물건을 소유하지만, 타인에 대해 자기 소유를 주장하기 위해서는 타자들로부터의 승인이 있어야 한다고 하였다.[73] 인간은 정신을 가진 주체이며, 인간이 노동하여 그 생산물을 자기의 소유물로 하는 인간의 정신은 인간의 의지이며, 그 의지는 인간의 자기의식에서 나오며 그 자기의식은 욕망이라고 하였다.[74] 헤겔은 욕망을 인간존재의 가장 궁극적인 내적상태로 이해함으로써 결국 인간의 본성을 利己性으로 파악하였던 것으로 해석된다. 또한 헤겔은 시민사회의 시민국가는 개인의 생명과 소유를 보호하는 것이 그 목적이라고 하였다.[75][76]

다. 사소유권을 인정하면서도 사소유권에 부정적이었던 사상과 사상가

근대 자연법론자 중에는 사소유권을 인정하면서도 그 사소유권 인정이 인간불평등의 원인임을 지적하여 사소유권의 문제점을 지적

물건을 소유하는 상태를 의미한다. 그러므로 점유에 대한 상호승인에 의하여 모든 사람이 각각 물건을 소유할 수 있게 됨을 설명한다.

71) 高橋一行, 前揭 所有論, 75面.
72) 上揭書, 79面.
73) 上揭書, 85面.
74) 上揭書, 87面.
75) 上揭書, 116面.
76) 헤겔은 개체는 전체와의 관계에서 존재하며, 개인은 유한하지만 전체인간은 무한하다고 하였다. 이는 유한이 무한으로 운동한다는 것이며, 유한한 인간이 무한운동에 참여함을 의미하는 것이다. 그리하여 헤겔은 보편과 개체는 분리되지 않으며, 따라서 전체는 개체이며 개인은 전체이고, 현실은 이상이고 이상은 현실이라는 결론에 도달하였다. 여기 헤겔에서의 보편은 절대정신(absoluter Geist)이며, 개체는 절대정신의 현상형태로 파악하였다. 그리하여 그는 국가를 현상형태의 최고위치에 두었으며, 그 국가를 절대정신의 위치에 있는 존재로 파악하였다. 그 결과로 그는 국가를 최고의 道德態로 파악하여 국가우월주의 사상을 전개하였다. 그리고 헤겔이 想定한 도덕태로서의 국가는 입헌군주제였다(Vgl., 上揭書, 118面).

한 사상가가 있다. 그 자연법론자가 바로 루소(Jean Jacques Rousseau: 1712－1778)이다. 루소는 노동과 경작에 의하여 토지를 점유하는 것이 소유의 유일한 表象으로 파악하였으며, 이러한 점유, 즉 소유는 법률상의 권한이 없는 경우에도 타인으로부터 존중되어야 한다고 하였다.[77)]

그리고 루소는 자연상태와 사회상태를 구별하고, 자연상태는 홉스와 같이 적대적인 상태가 아니라 사람과 사람간의 교섭이 전혀 없는 상태로 파악하고 이러한 자연상태에서는 오로지 情念(즉, 본능)만이 존재하며, 이러한 정념은 자연적인 인간 그 자체만이 있는 상태라고 하였다.[78)] 그러나 인간에게는 내재적으로 改善能力이 있고, 또한 인간의 본성은 협동성의 사회성이 있으며, 공공체 구성원의 일반의지에 의하여 인간은 자연상태를 탈각하여 사회상태에 이른다고 하였다.[79)] 그리고 사회계약[80)]에 의해 인간은 자연상태에서 가졌던 자연

77) 上揭書, 48面.

78) 高橋一行, 前揭 ホッブズからヘーゲルへ, 55面. 루소의 자연상태애 대한 관념은 근본적으로 홉스의 자연상태에 대한 관념과 동일하나, 홉스가 자연상태를 전쟁상태로 설명한데 반하여 루소는 자연상태를 전쟁상태는 아니고 서로간에 교섭이 없이 서로 고립되어 있는 평화로운 상태라고 이해하였다(Vgl., 中山元, 前揭 正義論の名著, 111면).

79) 高橋一行, 前揭 ホッブズからヘーゲルへ, 56面.

80) 루소에게 있어서의 사회계약은 자기와 타자와의 계약이라기 보다는 자기와 자기와의 계약으로 이해된다. 다시 말하면 자연상태에서는 개체와 공동체가 미분화 상태였으나 사회상태에서는 개체와 공동체의 분화가 일어나며, 이러한 분화는 일반의지에 의하여 일어난다고 하였다. 그리고 자연상태에서의 자유는 저차원의 자유이었으나 사회상태에서의 자유는 고차원의 자유로서, 저차원의 자유에서 고차원의 자유로의 이전이 바로 사회계약에 의하여 일어난다고 하였다. 그리고 저차원의 자유상태에서 고차원의 자유상태로의 이전은 저차원의 자기에서 고차원의 자기에로의 이행을 의미하며, 그러한 이행은 일반의지에 의하여 일어난다고 하였다. 따라서 결국 루소에게 있어서의 사회계약은 일반의지에 의한 자기와 자기와의 계약이었다(Vgl., 高橋一行, 前揭 ホッブズからヘーゲルへ, 59面). 일반의지는 개인의 個別意志에 대립되는 總意이지만 개별의지의 총합인 全體意志는 아니다(上揭書, 53面). 생각건대 루소에게서의 일반의지는 공동체 구성원들이 받아들여야만 하는 결정을 한 공동체 의사로 이해된다. 그러므로 일반의사는 공동체의 총의로서 공동체 구성원 모두의 의사가 아니어도 과반수로도 그 보다도 더 엄격한 요건에 의해서도 형성될 수도 있으며, 그 일반의사에 의한 결정은 공동체 구성원

적인 자유를 상실하고, 사회상태에서는 그 대신에 사회적 자유와 소유권을 갖게 되었다고 하였다.[81] 그러나 사회상태에서는 기술의 진전, 인간의 이기심으로 사회상태에서는 인간의 인간에 대한 지배복종의 관계가 생긴다고 주장하고, 이러한 사회상태가 인간불평등의 원인이 되므로, 루소는 자연상태로 돌아갈 것을 주장하였다. 그리하여 루소에게 있어서 사회상태는 부정적인 의미를 갖고 있다.[82] 이러한 전제 아래에서 루소의 사회계약론은 이러한 사회상태에서의 인간의 불평등을 해소하기 위하여 쓰여졌다.[83]

이처럼 루소는 사회를 자연상태와 사회상태로 구별하고, 자연상태에서 인간은 본능을 따라서 살아갔으며 사회계약에 의하여 사회상태로 넘어감에 따라서 正義가 본능을 대체하고 개인의 행동에 자연상태에서는 없던 도덕성이 요구되었다고 이론구성을 하였다.[84] 그리고 인간은 사회계약에 의해 자연상태에서 가졌던 자연적인 자유를 상실하고, 사회상태에서는 그 대신에 사회적 자유와 소유권을 갖게 되었다고 하였다.[85] 또한 루소는 사회상태에서는 사회적 자유와 소유권이 인간을 진정으로 자유의 주인으로 만드는 유일한 것이라고 하였다.[86] 그러나 사회계약에 의하여 이러한 이상적인 사회상태에 이르지 못할 때에는 일반의사에 의하여 성립된 합법적인 국가가 전제적 권력으로 바뀌게 되어, 사람이 자유로운 존재로 태어났지만 도달한 곳은 감옥일 수도 있다고 하였다.[87][88]

모두를 구속한다고 해석된다.

81) 上揭書, 56面.

82) 上揭書, 56面.

83) 高橋一郎, 前揭 所有論, 48面.

84) 上揭書, 56面.

85) 上揭書, 56面.

86) 上揭書, 56面.

87) 上揭書, 57面.

88) 루소는 사회상태의 진행에 따라서 사람과 사람간의 계층이 생기고 지배복종의 관계가 생겼다고 설명하였다. 사회상태의 진행에 따라서 첫 번째로 나타난 계층구분은 가진 부자와 갖지 못한 빈자의 계층이 생겼으며, 부자의 논리에 따라서

그리고 또한 루소는 사회계약에 의하여 개인은 공동체에 자기의 일체의 권리를 유보없이 양도하였기 때문에 개인이 공동체에 대하여 요구할 것이 아무 것도 없다고 하여 전체주의적인 인간관을 가지고 있었다. 또한 사회상태에는 사소유권이 인간불평등의 원인이 되므로 사소유권이 대해서 부정적인 입장이었다. 그리하여 루소는 개인과 사회와의 관계에 있어서 개인주의자인가, 아니면 전체주의자인가에 대한 의문이 제기된다.

루소는 근본적으로는 개인주의자였다. 그러나 사회계약에 의하여 개인은 자기의 권리를 일체 국가에 양도하였다고 보기 때문에 전체주의 인간관도 갖고 있었던 것으로 해석되고 있다. 그 결과로 루소는 사소유권을 인정하면서도 사소유권을 부인하는 전체주의적 소유권 관념을 갖고 있었다고 해석된다.

이와 같이 루소는 사소유권을 인정은 하였으나 그 사소유권을 부인하는 방향으로 발전할 수 있는 가능성을 또한 제시하였다. 루소가 사회계약에 의한 사회상태로의 이행과 사소유권을 인정하면서도 사회상태에 대해 부정적인 견해를 갖고 사소유권이 바로 인간불평등의 기원이 되었다고 주장한 것은, 그가 살고 있었던 절대왕정치하에서 절대전제군주의 절대권력 행사가 용인됨으로써 인간에 의한 인간지배 상태를 제거하기 위한 혁명이론으로 제기되었다. 그리하여

사유재산제가 형성되었다고 하였다. 그리고 두 번째 단계로 강자와 약자의 계층구분이 생기고 이에 따라서 강자의 논리가 정의라는 인식이 확산되었으며, 마지막 세 번째로 주인과 노예의 신분이 생겨 주인 지배논리가 정의로 받아들여지는 부패가 극에 달한 사회로 발전하게 되었다고 설명하였다. 이러한 사회상태의 발전에 따라서 부패가 극에 달한 상태에서는 힘으로 주인인 전제군주를 제거하는 혁명을 일으켜야 한다고 주장하였다. 그리하여 루소는 사회상태의 진행을 부패가 극에 달한 상태로 보았으며, 이를 제거하기 위한 힘에 의한 혁명의 필요성과 당위성을 주장하였다(Vgl., 中山元, 前掲 正義論の名著, 114－116面). 이러한 사회상태의 진행에 대한 루소의 진단은 바로 당시의 프랑스에서의 절대왕정의 부패상과 그것을 극복하기 위한 프랑스 시민혁명의 필요성과 당위성을 주장한 것으로 평가된다.

루소는 자연상태를 想定하여 사회상태의 인간에 의한 인간지배의 모순을 제거하고자 하였던 것이었다. 그리하여 루소는 사회계약에 의하여 당시의 절대전제군주에 의한 절대권력에 저항하기 위한 혁명이론으로 이러한 주장을 하였으나, 근세 자본주의 경제사회에서의 사소유권의 신장에는 기여하지 못하고 오히려 사소유권을 부인하는 전체주의로의 길을 열었다는 비판이 가능하다.

2. 근대 자유사소유권의 법문서에서의 선언과 근대민법전에서의 입법

근대의 자유토지소유권이 생성과 근대 자본주의의 전개를 가능케 하였던 자연법 사상은 로크에 의하여 주장된 노동에 의한 사소유권의 생성과 그 사소유권을 불가침의 천부인권으로 인정한 자연법 사상만이라고 이해된다. 로크에 의한 천부인권으로서의 자유 토지사소유권의 인정과 아담 스미스에 의하여 경제활동에 이러한 천분인권으로서의 사소유권의 인정, 그리고 칸트에 의한 인간의 의사의 자유에 의한 자유사소유권의 인정에 의하여 천부인권인 자유사소유권은 근대 자본주의 경제사회의 기본이 되는 소유권이 되었으며, 오늘 날에 있어서도 그 자유사소유권이 공동체의 제한을 받기는 하지만 여전히 기본이 되는 소유권이다. 인간을 이기적인 존재로 파악한 홉스를 시작으로 하는 자연법론자들의 사소유권에 대한 사상은 근대 자본주의 경제의 발전에 수용되지 못하였으며, 자본주의 발전에도 크게 기여하지 못하였다고 평가된다.

이와 같은 로크에 의한 토지의 자유사소유권의 사상은 근대시민혁명의 사상적 지주가 되어 시민혁명을 가능케 하고, 시민혁명의 결과로 만들어진 권리장전, 독립선언, 인권선언 등 근대 시민혁명의 법문서에 확인·선언되었다. 사소유권 및 사소유권의 천부인권성을 인정한 로크의 근대 자연법 사상이 주된 사상으로서 근대의 시민혁명을 일으키고, 시민혁명의 결과를 법문서로 확인·선언하였으며, 더 나아가 근대민법에서 사소유권의 강력한 보호와 사소유권이 소멸시효의 대상에 제외하는 입법적 결과를 낳았다.[89)]

로크의 자연법 사상과 사소유권의 천부인권성 사상은 먼저 영국에서 1688년의 명예혁명의 결과로 1689년 발표된 권리장전(Bill of Rights)에서 확인되었다. 권리장전은 바로 로크의 자연법 사상이 그대로 반영된 역사상 첫 번째의 법문서이다. 권리장전에서는 인간의 신체의 자유보호에 관하여는 직접적인 규정을 두었으나, 사소유권의 보호에 관하여는 직접적인 규정을 두지 아니하고, 국왕이 의회의 승인없이 또는 의회가 승인하였다 하더라도 의회가 승인한 것과 다른 시기에 또는 다른 방법으로 국왕이 사용하기 위하여 시민들에게 금전을 징수하는 것을 違法으로 선언함으로써 간접적으로 시민의 사소유권을 보호하는 규정을 두었다.

그 다음에 로크의 사상을 기초로 하여 발표된 1776년의 버지니아 권리장전은 그 제1조에서 사소유권을 재산을 취득·소유할 수 있는 권리로 규정하고 그러한 사소유권은 천부인권임과 不可侵性을 명시적으로 규정하였다. 그리고 1776년 미국의 독립선언에서는 사소유권을 행복을 추구할 수 있는 권리로 규정하고, 사소유권은 천부인권임과 불가양의 권리임을 규정하였다. 1789년의 프랑스의 인권선언에서는 그 제17에서 사소유권을 불가침의 신성한 권리라고 규정하여 사소유권의 천부인권성과 불가침성을 명시적으로 규정하였다.

이러한 권리장전, 독립선언, 인권선언에서 사소유권의 천부인권성과 불가침성을 확인하고 선언한 것은 바로 로크의 소유권사상에 기

89) 루소의 자연법사상은 시민혁명을 일으키는 기폭제가 되었으나, 사소유권은 로크의 소유권 사상에 강한 영향을 받아 입법이 되었다고 평가된다.

초하여 이루어진 것이었으며, 이러한 불가침의 천부인권으로 사소유권을 보호하는 선언들은 영국, 미국, 프랑스에서 각국의 헌법으로 되었다.

그리고 이러한 권리장전, 독립선언 및 인권선언에서의 사소유권의 천부인권성과 불가침성은 헌법에 이어 근대 민법전에서도 규정되게 되었다. 그리하여 1804년의 프랑스민법전에서는 그 제544조에서 소유권은 법령에 의하여 금지된 용법으로 사용되지 않는 한 절대적으로 물건을 사용, 수익하고 처분할 수 있는 권리라고 규정하였다.90) 여기서 절대적으로라는 의미는 소유권의 천부인권성의 뜻으로 해석된다.

그리고 우리 민법과 일본민법은 소유권은 소멸시효에 걸리지 않는 권리로 규정하여 소유권의 항구성을 입법으로 확인하고 있다(한국민법 제162조 제2항, 일본민법 제167조 제2항). 이와 같이 소유권을 소멸시효의 대상에서 제외한 것은 소유권의 천부인권성에 그 사상적 기초를 두고 있다고 판단된다.91) 그리고 프랑스민법에서는 일본민

90) 1794년의 프로이센 일반주법과 1811년의 오스트리아 민법도 근대의 자연법에 기초한 민법전이지만, 동법률에서는 중세의 분할소유권을 그대로 규정하고 있어서 로크에 의한 천부인권이고 불가침의 사소유권을 입법하지 못하였다. 그 원인에 관하여는, 김상용, 민법사상사(피앤씨미디어, 2016), 128－129면 참조. 그리고 프로이센일반주법을 제정함에 크게 영향을 미친 자연법론자였던 푸펜돌프(Samuel von Pufendorf: 1632－1694)는 개인의 선점에 대해 다른 사람들이 묵시적으로 이를 승인함으로써 그 개인의 소유권이 인정되며, 이러한 승인을 사회계약으로 이해하고, 이 사회계약에 의하여 선점에 의해 취득한 소유권이 자연법에 근거하여 파기할 수 없는(irreversible) 권리가 된다고 하였다(Vgl., Werder, a. a. O., S. 184). 또한 역시 프로이센일반주법의 제정에 기여를 한 볼프(Christian Wolff: 1679－1754)는 소유권을 인간의 행복의 실현을 위한 권리로 파악하고, 따라서 인간의 행복을 위해서 사람에게 사소유권을 인정하여야 한다고 하였다(Vgl., A. a. O., S. 188). 그러나 그들의 사소유권에 대한 사상은 입법으로 실현되지는 못하였다.

91) 이와 같이 프랑스민법과 독일민법에서는 소유권에 기한 물권적청구권을 소멸시효에 걸리게 함으로써 결국 소유권도 소멸시효에 걸린다. 그리고 독일민법을 가장 폭넓게 계수한 자유중국 민법에서 청구권이 소멸시효에 걸리는 것으로 규정하여(자유중국 민법 제125조) 소유권도 소멸시효에 의하여 소멸하는 권리로 규정하고 있다. 그러나 일본민법에서는 소유권을 소멸시효 대상에서 제외하고 있

법과 우리 민법에서와 같이 명시적으로 소유권이 소멸시효의 대상이 아님을 규정하고 있지는 아니하지만 소유권은 항구성으로 인하여 소멸시효에 걸리지 아니한다고 해석하고 있다.[92] 이와 같이 프랑스민법에서는 명시적인 규정을 두지 아니하였다 하더라도 해석에 의하여 소유권은 당연히 소멸시효에 걸리지 아니하며, 이를 소유권의 항구성이라 한다.[93]

이와 같이 근대 자연법론자인 로크의 소유권의 천부인권 사상은 오늘날에도 여전히 계속되고 있다고 해석된다. 그러나 한편으로 유럽대륙의 민법에서는 청구권이 소멸시효에 걸리는 것으로 입법하고 있다. 그리하여 청구권에는 채권적청구권만이 아니라 물권적청구권도 소멸시효에 걸리는 것으로 규정하고 있어서 결국 소유권에 기한 물권적 청구권의 소멸시효가 완성되면 소유권도 소멸한다고 해석된다.[94]

다. 이는 아마도 일본에서는, 유럽대륙에서는 달리, 상급소유권이 하급소유권을 흡수하는 방법으로 근대의 자유사소유권이 성립하여 지주계층이 소유권을 갖는 것으로 되고, 지주계층의 이익을 대변하여 일본민법이 제정되었기 때문에 소유권을 소멸시효의 대상에서 제외한 것으로 추론된다.

92) 프랑스민법 전공학자 박수곤 교수의 확인(2016. 4. 4).

93) 프랑스민법의 해석에 의하여 소유권은 소멸시효에 걸리지 아니함이 당연히 인정된다. 이러한 소유권의 법현상을 소유권의 항구성이라 한다. 그러나 프랑스민법에 의하면 청구권이 소멸시효에 걸리게 되어, 소유권에 기한 물권적청구권이 소멸시효에 걸리게 되므로 결국 소유권도 소멸시효에 걸리게 됨을 부인하지는 않는다. 독일민법에서도 소멸시효의 대상은 청구권이며(§ 194 Abs 1 BGB), 소유권에 기한 물권적청구권은 소멸시효에 걸린다고 해석하여 결국 프랑스민법에서와 같이 소유권에 기한 물권적청구권에 대한 소멸시효기간이 완성하고 이를 원용하면 소유권도 결국 소멸하게 된다.

94) 인간의 노동의 결과인 지식재산권도 그 권리자의 사후 일정한 법정의 기간까지만 존속하는 것으로 하여 결과적으로 지식재산권의 소멸시효를 인정하고 있다. 그러므로 토지에 대한 소유권도 역시 인간의 노동의 산물이기 때문에 소멸시효에 걸린다고 함이 바람직하다. 그러나 일본민법과 우리 민법에서는 소유권의 소멸시효를 인정하지 않는다. 이는 잘못된 입법이라 생각된다. 유럽대륙민법에서와 같이 소유권도 소멸시효의 대상이 됨을 인정함이 바람직하다고 생각된다.

3. 자유사소유권의 자본주의 발전에의 기여

자본주의는 사유재산제를 바탕으로 하여 생산수단에 대한 자유로운 사소유권을 인정하는 경제체제이다. 근대의 로크의 사소유권의 천부인권으로의 인정은 근대 자본주의 출현의 사상적 기초가 되었으며, 자본주의 경제를 옹호하였던 아담 스미스에 의하여 노동가치설에 입각한 사소유권을 인정하여 자본주의 경제의 발전을 소유권에서 뒷받침하였다.[95]

사소유권이 자본주의의 핵심적인 내용이지만 반대로 자본주의 경제이론이 사소유권의 강력한 보호를 위하여 기능하기도 하였다. 무엇보다도 자본주의 경제이론가들은 사소유권의 근거를 노동에 의한 결과로 파악하는 노동가치설에 입각하고 있으나, 노동을 하지 않은 자본가의 사소유권 취득의 정당성을 뒷받침할 수 있는 이론으로 자본은 자본가에 의하여 축적된 노동이라는 이론을 정립하여 자본가의 사소유권 취득의 근거를 제공하였다. 그리고 노동자에 의하여 생산된 잉여가치를 자본가가 취득할 수 있는 정당성을 뒷받침하는 임금이론으로서 임금철칙설(theory of iron law of wages), 임금기금설(wage-fund theory)을 제공하였다.[96] 임금철칙설과 임금기금설은 노동자에게 지급할 임금상승을 막고 잉여가치를 자본가에게 귀속케 하려는 경제이론이다. 이로 인한 임금제한의 경제이론은 자본가의 잉여가치의 취득, 즉 생산수단을 가진 자본가의 사소유권을 강하

95) 자본주의에서는 모든 것이 교환을 통한 이윤추구의 대상이 되며, 이러한 이윤추구의 과정에서 토지와 노동이라는 품목도 교환의 대상으로 상품화한다. 중세에 토지는 처분을 통한 교환의 대상이 아니라 이용과 수익의 대상이었으며, 임금을 대가로 한 노동의 상품화가 이루어진 것도 근대 산업혁명 이후 공장노동이 일반화되면서 부터였다(Vgl., 김남두 엮어 옮김, 재산권 사상의 흐름(도서출판 天池, 1993), 8면).

96) 임금철칙설, 임금기금설에 관한 더 상세한 내용에 관하여는, 김상용, 민법사상사(피앤씨미디어, 2016), 113면 참조.

게 인정하는 입장의 이론이다. 그리고 맬서스(Thomas Robert Malthus: 1766–1834)의 인구론도 역시 생산은 산술급수적으로 증가하는데 반하여 인구는 기하급수적으로 증가함으로, 임금철칙설, 임금기금설에 따라서 인구의 증가는 빈곤의 원인이 된다는 이론으로서 자본주의의 모순을 정당화하는 경제이론이며 사회주의에 대항하기 위한 이론이었다. 맬서스의 인구론도 결국 자본주의에서의 자본가의 자유사소유권을 옹호하는 경제이론으로 기능하였다고 평가된다. 이러한 생산수단에 대한 자유로운 사소유권의 인정은 계약자유와 함께 자본주의 경제의 발전을 위한 法的地主가 되었다. 리카르도(David Ricardo: 1772–1823)도 역시 인구가 증가하면 지대가 상승하기 때문에 임금이 오르지 못한다고 주장하였다.[97]

이처럼 근대의 자본주의와 생산수단에 대한 사소유권의 천부인권사상은 상호지원하는 관계에서 근대 자본주의 경제사회를 이끌어 나갔다. 이러한 자유사소유권 사상은 소유권의 사회성, 공공성을 강조하는 방향으로 수정이 되기는 하였지만 오늘날도 여전히 유지되고 있다. 오늘날은 생산수단만이 아니라 모든 자연적으로 가치가 있는 무형의 재화[98]도 상품이 되어 사소유권이 더욱더 넓게 인정되고 있다고 평가된다. 결국 사소유권의 천부인권성의 인정에 의하여 자본주의가 고도로 발전할 수 있게 되었다고 평가된다.

97) 김윤상 譯, 헨리 조지 著, 진보와 빈곤(비봉출판사, 2007), 217면.

98) 예컨대 해돋이, 探照, 探鳥, 景觀, 산책, 체험, 가상세계에서의 정보 등도 재화로서 그것에 대한 소유권이 인정되고 그 가치의 상품화가 이루어지고 있다.

Ⅲ. 근대 자유사소유권의 고도화와 모순의 발생 및 이에 대한 비판이론들; 사회주의와 개량주의 사상의 대두

1. 자유사유권의 천분인권성 인정으로 인한 자본주의의 고도화와 사회모순의 발생

근대 자연법론자들에 의하여 주장된 천부인권으로서의 사소유권은 근대의 자본주의 사회의 발전의 사상적 기초가 되었다. 그리하여 근대 사회는 자유가 신장되고, 자본주의 경제의 발전으로 사회적인 부가 증대하는 발전을 하게 되었다. 그러나 근대 자본주의 사회는 모든 사람을 이성을 가진 인격적 존재로 파악하고, 모든 사람에게 사소유권을 인정하면 사회는 보이지 않는 손에 의하여 조화롭게 모두가 잘 사는 사회가 될 것으로 예상되었다. 그렇지만 현실은 생산수단을 가진 자본가들의 유산자들과 생산수단을 갖지 못하고 소유하고 있는 것은 오로지 자신의 신체뿐인 무산자 계층간의 차이가 발생하게 되었다. 생산수단을 가진 유산자들은 사소유권과 함께 계약자유에 의하여 부를 무한히 증대할 수 있었다. 그러나 무산자들은 사소유권과 계약자유에 의하여 자본가에게로의 예속의 자유밖에 없었다. 이러한 유산자와 무산자 계층의 발생과 대립은 근대 자연법론자들이 미처 예상하지 못한 사회현상이었다.

근대 자연법론자들은 모든 인간은 이성적 존재로서 모두가 이성에 의하여 자기의 인격을 자유롭게 전개하며 자유로운 경제활동에 의하여 부를 축적하고 인간다운 삶을 살 것으로 예상하였다. 그러나 근대 자연법론자들이 모범으로 삼은 인간상은 신흥 유산자들이었다. 유산자들은 재산을 가진 계층으로서 그들의 인격과 재산을 보호받는 사회를 갈망하고 근대 자연법론자들은 이들 유산자들의 갈망을 실현할 수 있는 근대사회를 건설하고자 하여, 생산수단에 대한 사소유권과 계약자유를 인정하고 그것의 정당성을 뒷받침하는 이론을 제공하였다. 그리고 근대 자연법론자들은 모든 사람이 유산자가 될 수 있음을 전제하여 사소유권의 천부인권성, 계약의 자유를 인정하였다.

그러나 인간은 추상적으로 모든 사람이 이성을 가진 인격적 존재이고 사소유권의 인정에 의하여 스스로 부를 축적하여 인간다운 생활을 할 것으로 예상되었지만, 구체적·현실적으로는 모든 인간이 동일하지 아니하며 능력과 재산 취득에 있어서 차이가 있었다. 이와 같이 인간에는 차이가 있음에도 불구하고, 모두를 동일하게 이성을 가지고 합리적으로 활동을 할 수 있는 존재로 파악하였기 때문에, 사소유권이 인정되고 계약자유가 인정된 근대시민사회에서는 가진 자인 유산자가 갖지 못한 자인 무산자를 합법적으로 지배하는 사회적 모순이 발생한 것이었다.

이러한 사회적 모순과 갈등현상은 과학기술의 발달에 의하여 기계가 만들어지고 기계에 의한 대량생산이 이루진 산업혁명 이후에 더욱 심각해졌다. 자본가는 생산수단인 토지와 기계를 소유하여 계약자유에 의하여 저렴한 노임으로 생산을 하게 되어 노동자들의 노동에 의하여 발생하는 이익 중 노임을 제외한 잉여가치를 독차지하여, 유산자인 자본가는 더 많은 부를 축적할 수 있게 되고, 무산자인 노동자들은 더 궁핍하게 되었다. 이러한 사회모순 현상을 시정하기 위하여 사회정의의 기치 아래 이러한 모순현상을 시정하고자 하는 사상과 사회운동이 일어났다. 그리하여 자본주의에서의 생산수단에 대한 사소유권을 공동소유로 옮겨야 한다는 사회주의 사상이 출현하고, 사회주의 혁명을 통하여 자본주의를 극복하고자 하는 사회운동이 일어났다. 그리고 사회적으로는 기계파괴 운동, 노동운동 등이 일어나게 되었으며, 끝내는 사회주의혁명으로 발전하게 되었다.

2. 자유사소유권의 모순의 해결을 위한 사상과 사상가들

(1) 사회주의에 의한 사소유권의 전면적인 폐지사상과 사상가들

자본주의 사회의 사회모순을 시정하기 위한 사상은 먼저 사회주의 사상으로부터 일어났다. 사회주의 사상은 자본주의에서의 생산수단에 대한 사소유권과 계약자유에 의하여 자본가가 노동자를 합법적으로 지배하는 예속관계를 극복하기 위해서는 무엇보다도 생산수단에 대한 사소유권을 없애고 사회공동체 구성원 모두의 공동소유로 전환하여야 한다는 것이 그 중심내용이다. 이러한 생산수단에 대한 사소유권을 사회적인 공동소유로 옮겨 감에 있어서도 사소유권이 없는 이상사회의 건설을 위하여 자본주의 사회를 비판하는데 그친 사회주의 사상의 초기단계인 공상적 사회주의(utopian socialism)와 그 후의 자본주의에서의 생산수단을 일시에 혁명적 방법으로 전면적으로 폐지하고 공동소유로 전환해야 한다는 과학적 사회주의(scientific socialism)로 나누어진다.

전자의 공상적 사회주의 사상은 영국의 모어(Thomas More: 1478-1535)로부터 시작이 되었다. 모어는 이상사회인 유토피아는 시간적, 공간적으로 멀리 있는 이상세계를 설정하여 그 이상세계에 비추어서 현실사회의 모순을 비판하였다. 그리고 그는 이상사회인 유토피아는 인간의 실천에 의하여 도달가능하다고 생각하였다.[99] 모어는 그가 상정한 이상사회인 유토피아는 사유재산제를 폐기한 사회이며, 分業을 止揚하고 물자는 평등하게 분배되는 사회라고 하였다. 그리고 그

99) 高橋一行, 前揭 ホッブズからヘーゲルへ, 186面.

는 유토피아에서는 화폐를 지양하고, 능력에 따라서 일하고 필요에 따라서 취하는 사회라고 하였다.[100][101] 모어가 주장한 사회주의 사상은 먼 곳에 있는 이상사회를 상정하고, 그 이상사회에 비추어서 현실의 계층대립의 모순된 자본주의 사회를 비판하기 위한 이론으로 주장되었다.

이와 같이 모어를 시작으로 하는 사소유권 인정의 자본주의를 비판하기 위하여 사소유권을 폐지하고 공동소유로 이행하고자 하였던 사회주의 사상을 공상적 사회주의라 한다. 이러한 공상적 사회주의 자로서는 모어 이외에도 생시몽(Claude Henri de Rouvroy Saint－Simon: 1760－1825), 오웬(Robert Owen: 1771－1851), 푸리에(Charles Fourier: 1772－1837) 등을 들 수 있다. 이와 같이 공상적 사회주의는 단지 자본주의의 모순에 대하여 이상사회를 상정하고 비판을 하는데 그쳤다. 사회주의 사상에 의하여 자본주의에 의한 사소유권의 폐지는 다시 과학적 사회주의 사상이 출현하고, 그 사회주의 사상에 의한 사회주의 혁명운동이 전개되고, 구체적으로 사회주의 혁명에 의하여 비로소 이루어질 수 있었다.

과학적 사회주의는 마르크스(Karl Heinrich Marx: 1818－1883)에 의하여 시작되었다. 마르크스는 소유관계는 생산관계의 반영으로 파악하고, 사소유권은 자본주의 생산관계의 반영으로 이해하였다.[102] 그리

100) 上揭書, 197面.

101) 토마스 모어는 그가 이상사회로 그렸던 유토피아세계의 가능조건으로, 사유재산제와 사소유권의 폐지이외에도 사회는 높은 생산력이 보장된 세계이어야 하며, 주민자치를 행하여 지배·피지배관계가 폐지되어야 하며, 주민들은 도시와 농촌을 번갈아 가면서 살아야 하며, 시민교육체제가 완비되어야 하고, 정신적인 자유를 배우고 銀金을 輕히 여기야 하고 이러한 조건이 충족된 사회가 바로 유토피아라고 주장하였다(Vgl., 上揭書, 197面). 그리고 모어는 이러한 이상사회의 위치는 絕海孤島로 想定하였다(Vgl., 上揭書, 197面).

102) Dieter Fally－Sell, "politische Macht und gesellschaftliches Eigentum an Produktionsmitteln: Der Prinzip der Liquidierung des imperialistischen Eigentums und die Entstehung von Volkseigentum auf dem Gebiet der DDR 1945－1949", in: Eigentum: Festschrift für Werner Sellnow zum 70. Geburtstag (hrsg. von Jens Köhn und Burhard

고 자본주의 사회에서의 사소유권은 착취적인 소유권으로서 일시적·혁명적 방법으로 제거하고 전인민의 공동소유로 전환하여야 한다고 주장하였다. 마르크스는 노동자들의 노동에 의하여 발생한 잉여가치를 자본자가 취할 수 있도록 하는 소유형태가 바로 생산수단에 대한 사적 소유를 인정하는 사소유권(Privateigentum)으로서 그 사소유권은 착취적인 소유권이므로, 노동자들의 인간다운 삶을 가능케 하기 위해서는 착취적인 사소유권을 폐지하고 전인민의 공동소유인 사회주의 소유로 이행하여야 한다고 하였다.[103] 그러한 사회주의 소유로 이행함에 있어서도 일시에 혁명적인 방법으로 전면적으로 실행하여야 한다고 하였다.

이처럼 과학적 사회주의를 주장한 마르크스의 사회주의 사상은 사소유권을 근간으로 하는 근대 자본주의가 발전하여 산업혁명이후에 발생한 자본가와 노동자간의 계층이 대립하는 사회모순을 해결하기 위한 급진적인 사상이었다. 이러한 마르크스의 사소유권 폐지의 사상은 모어의 유토피아 사상의 영향을 받았다.[104] 마르크스는 자본주의 모순에 의하여 이를 시정하기 위하여 사회주의가 발생하고, 사회주의가 더욱 발전하여 공산주의 사회가 도래한다고 주장하였다. 그에 의하면 사회주의 사회는 생산수단에 대한 사소유권을 폐지하고 사회주의에 대한 자본가들의 반동을 제어하기 위하여 국가가 필요하며, 국가는 강력하게 자본가들을 통제하여야 하는 사회이다. 그러나 공산주의 사회에서는 국가가 소멸하며, 모든 사람은 능력에 따라서 일하고 필요에 따라서 취하는 이상적인 사회라고 하였다. 그리하여 마르크스는 자신을 사회주의자라고 하지 아니하고

Rode, Weimar, Hermann Böhlaus Nachfolger, 1987), S. 277.

103) 마르크스는 소유일반의 폐지가 아니라 부르조아적인 생산수단에 대한 사소유권의 폐지를 주장하였다(Vgl., 김남누 엮어 옮김, 재산권사상의 흐름(도서출판 天池, 1993), 137면.

104) 高橋一行, 前揭 ホッブズからヘーゲルへ, 198면.

공산주의자라고 하였다.[105)][106)]

사회는 개인의 자유로운 발전에 의하여 변혁하는 것이지, 국가의 통제에 의하여 발전하는 것이 아니다.[107)] 그러므로 개인의 이익조정과 이익분배는 시장에 맡기고, 국가는 그 시장이 정상적으로 기능하도록 하는 일에 국가의 역할을 최소화하여야 한다. 이러한 사상이 바로 자유주의(liberalism)이며, 이러한 자유주의 사상에서는 개인의 자유를 최고도로 인정하고 보장하며, 최소국가를 지향한다.[108)] 이러한 근대 시민사회에서의 자본주의 경제의 운용은 이러한 자유주의 사상에 기초하고 있었다.

생각건대 마르크스에 의한 사회주의는 근대 자본주의가 낳은 계급갈등의 사회적 모순의 원인에 대한 진단은 정확히 하였으나, 그 모순을 시정하기 위한 처방이 너무 극단적이고 과격한 사회혁명의 방법을 선택하여 실천하였기 때문에 그가 주장한 사회주의에서 이상사회로 소망하였던 공산사회가 逆유토피아가 되어 사회주의 국가가 몰락하는 현상으로 귀결되고 말았다. 그리하여 마르크스에 의한 사회주의 사상은 1917년 러시아의 볼셰비키혁명에 의하여 러시아에서 실천이 되기 시작하였으나, 1990년대 초에 구소련 및 동구사회주의국가의 몰락으로 그 생명을 다하게 되었다. 그러므로 사회주의는 생산수단에 대한 사소유권 인정으로 초래된 계층간 갈등의 근대 자

105) 이상주의를 너무 끝까지 관철하고자 하면, 이상주의자들이 소망하던 이상사회가 도래하는 것이 아니라, 오히려 이상사회가 인간을 소외시키고 인간을 억압하며 인간의 가치를 무시하게 되는 逆유토피아 현상이 일어난다. 이와 같이 역유토피아는 이상주의자들이 소망하는 이상사회가 실제로 실현되어도 그 이상사회는 그들이 소망하던 이상적인 사회가 아니라 그 반대로 소망하지 않던 사회로 전환한다는 것이 필연적인 귀결임을 보여주는 현상이다. 1990년대 초에 구쏘련을 위시한 동구사회주의의 몰락현상은 바로 사회주의자들이 이상사회라고 주장하던 공산사회가 역유토피아사회로 나타나게 된 역사적 진리를 보여주는 사례라고 평가해 볼 수 있을 것이다.

106) 마르크스의 사회주의 토지소유사상에 관하여는, 金相容, 土地所有權 法思想 (大宇學術叢書.人文社會科學 87, 民音社, 1995), 125－144面 참조.

107) 高橋一行, 前揭 ホッブズからヘーゲルへ, 186面.

108) 上揭書, 227面.

본주의의 모순을 시정할 수 있는 사상으로는 그 생명이 다하였다고 진단된다. 따라서 사회주의 사상으로서는 자본주의 모순을 시정할 수 없음이 명백해졌다. 이는 바로 자본주의와 사회주의의 대립에서 사회주의가 패하였음을 의미한다. 또한 이는 생산수단에 대한 사소유권 인정으로 초래된 사회적 모순현상이 생산수단에 대한 사소유권의 폐지에 의하여 해결될 수 없음을 보여주는 역사적 증명이기도 하다.

(2) 사소유권을 인정하면서 사소유권의 개량 및 수정사상과 사상가들

근대 자본주의가 낳은 사회적 모순을 시정하기 위한 사회사상으로 사회주의 사상에 의하여 급진적, 혁명적 방법으로 생산수단에 대한 사소유권을 폐지할 것이 아니라, 자본주의 사소유권을 유지하면서 자본주의의 모순을 점진적 온건한 방법으로 개선해 나가고자 하는 사상이 나타났다. 다른 한편으로는 사회주의를 유지하면서도 자본주의의 장점을 수용하고자 하는 절제된 사회주의인 사회민주주의 사상도 나타나게 되었다. 이러한 자본주의의 모순을 사소유권을 인정하고 유지하면서 이를 점진적 온건한 방법으로 시장하고자 한 사상이 토지소유에서의 개량주의 사상이었으며, 사회주의를 유지하면서도 자본주의의 요소를 수용하자는 사상이 사회민주주의 사상이었다. 이들 兩사상은 생산수단에 대한 사소유권을 인정하면서 생산수단인 토지로부터 발생하는 가치 중, 토지소유자의 이용과 투자에 의하여 발생한 가치는 토지소유자가 전적으로 취득하나, 토지소유자의 이용과 투자에 의하여 발생하지 아니하고 사회발전에 의하여 발생한 가치인 개발이익(windfalls)은 토지소유자에게는 불로소득이므로 이를 전부 사회로 환수하여 사회구성원 모두에게 환원하여야 함을 그 내용으로 하였다. 이를 달리 표현하면, 개량주의 사상과 사회민주주의 사상은 사소유권에 사회성과 공공성을 부여하여 이를 구체적으로 실현해 나가야 한다는 사상이었다.

개량주의 사상가로서는 미국의 헨리 조지(Henry George: 1839－1897)와 독일의 다마슈케(Adolf Wilhelm Ferdinand Damaschke: 1865－1935)와 영국의 밀(John Stuart Mill: 1806－1873), 중국의 孫文(1866－1925)등이 있으며, 그들 중에서 사소유권의 사회성과 공공성의 인정에 가장 큰 영향을 미친 사상가는 헨리 조지와 다마슈케라고 할 수 있다. 헨리 조지는 사유재산제는 노예제와 마찬가지라고 비판하였다. 왜냐하면 자본주의의 고도화에 의하여 사회가 눈부시게 발전함에도 불구하고 경제불황이 닥치는 이유는 토지사유제로 인해 지대가 지주에게 불로소득으로 귀속되기 때문이라고 하였다.[109] 그는 토지사유가 노동자들의 빈곤의 원인이며 인구증가가 원인이 아니라고 하였다.[110] 더욱더 헨리 조지는 인구증가는 지대를 상승시키지만 노동자의 임금은 상승하지 아니하고, 인구의 증가, 기계의 발명으로 인한 부의 증대는 모두 토지소유자에게 귀속한다고 주장하였다. 이와 같이 사회적으로는 부가 증가하는데도 불구하고 노동자들의 빈곤이 심화되고, 생산력이 증대되는 데도 불구하고 임금상승이 이루어지지 않는 것은 모든 부의 근원이자 모든 노동의 터전인 토지가 자본가에 의해 독점되었기 때문이라고 하였다.[111] 그리하여 빈곤을 타파하고, 임금이 정의가 요구하는 수준이 되도록 하려면 토지의 사소유를 공동소유로 바꾸어야 한다고 주장하였다.[112] 또한 헨리 조지는 자연은 사람을 차별하지 않으며 누구에게나 공평하다고 하고, 자연은 노동의 권리 이외에 어떠한 권리도 인정하지 않는다고 하였다.[113] 그리고

109) 김윤상 譯, 헨리 조지 著, 진보와 빈곤(비봉출판사, 2007), vi면.
110) 上揭書, viii面.
111) 上揭書, 313面.
112) 上揭書, 313面.
113) 上揭書, 322面.

그는 토지의 배타적 소유를 인정하고 그러한 소유를 정당하다고 인정할 수 있는 권한은 어디에도 없다고 하였다.[114] 더 나아가서 헨리 조지는 모든 문명국가에서 대중의 생활은 자유라는 이름하에서 사실상 노예상태가 되고 있으며, 토지사유제를 인정하는 자유는 필연적으로 노예제도로 발전하게 된다고 주장하였다.[115]

이와 같이 헨리 조지는 로크에 의해서 주장된 천부인권으로서의 자유토지사소유권을 기초로 한 근대자본주의의 발전으로 발생한 자본가와 노동자 간의 계층간의 갈등과 그들간의 빈부격차의 사회문제의 근원이 토지에 대한 자유사소유권의 인정에 있음을 주장하고, 자유사소유권 인정으로 인하여 초래된 사회적 모순을 사소유권을 폐지하고 공동소유로 함으로써 해결할 것을 주장하였다. 그러나 공동소유로 이행을 하여 국가가 모든 토지를 관리하게 되면 국민에게는 임대를 하여 임대료를 징수하는 방법으로 이루어지게 되지만, 국가가 토지관리업무 모두를 수행하는 것은 과도한 업무일 뿐만 아니라 또다른 불평등의 문제를 낳을 수 있으므로, 토지의 소유는 토지소유자에게 그대로 인정하고, 오로지 지대만을 사회로 환수하면 된다고 하였다.[116] 그 지대의 환수도 조세징수의 방법으로 할 것을 주장하였다. 그렇게 하면 토지는 실질적으로 공동재산이 되며 사회의 모든 구성원이 토지소유의 이익을 공유할 수 있다고 하였다.[117][118] 이와 같이 헨리 조지는 토지를 환수할 필요없이 단지 지대만 환수하

114) 上揭書, 325面.
115) 上揭書, 434面.
116) 上揭書, 391面.
117) 上揭書, 392面.
118) 헨리 조지는 토지의 지대를 조세로 환수하면 국가운영을 위한 다른 조세는 전부 철폐하여도 좋다고 하였다. 그리하여 헨리 조지는 토지의 개발이익 환수를 위한 조세 그 하나만 운용하면 국가운영에 필요한 비용은 충분히 조달할 수 있다고 하였다. 그리하여 헨리 소시는 국가는 오로지 하나의 조세만을 부과징수하면 족하다고 하였다. 토지의 지대환수를 위한 그 하나의 조세를 단일세(Single Tax)라 하였다. 단일세는 특정의 세목이 아니라 하나의 조세만을 운용한다는 의미이다.

면, 토지는 실질적으로 공동재산이 되며, 사회의 모든 구성원이 토지 소유의 이익을 공유할 수 있다고 하였다.[119)]

다마슈케는 토지는 국가가 인프라의 구축 등 국가가 투자를 하여 지가가 상승하므로 토지소유자의 투자에 의하지 아니하고 발생한 지가상승분인 개발이익을 사회로 환수할 것을 주장하였다.[120)] 그는 개발이익의 환수를 주장하고 이를 실천하기 위한 사회운동을 전개하였다. 그는 구체적으로 독일의 식민지였던 중국 靑島의 膠州灣에서 토지증가세를 처음으로 실시하여 개발이익을 환수하는 실험을 하였다. 그리고 그는 독일에서 개발이익의 사회환수를 관철시키기 위한 사회운동을 전개하였으며, 사회민주주의 사상과 함께 바이마르 공화국 헌법 제153조[121)]에서 개발이익의 환수에 관한 헌법규정을 입법하는데 기여를 하였다.[122)]

그리고 밀(John Stuart Mill: 1806－1873)도 개발이익의 회수를 주장하여, 영국의 모든 토지에 대해 시장가격을 공정하고 후하게 평가를 하고, 그 이후에 소유자의 개량에 의하지 않고 증가하는 토지가치를 국가가 환수하여야 한다고 하였다.[123)] 그리하여 밀은 사회전체가 창

119) 김윤상 譯, 헨리 조지 著, 전게 진보와 빈곤, 391－392면.
120) 田山輝明, 土地法の歷史と課題(成文堂, 2015), 209面.
121) Artikel 153 Die Verfassung des Deutschen Reiches(Weimarer Reichsverfassung): Das Eigentum wird von der Verfassung gewährleistet. Sein Inhalt und seine Schranken ergeben sich aus den Gesetzen.

Eine Enteignung kann nur zum Wohle der Allgemeinheit und auf gesetzlicher Grundlage vorgenommen werden. Sie erfolgt gegen angemessene Entschädigung soweit nicht ein Reichsgesetz etwas anderes bestimmt. Wegen der Höhe der Entschädigung ist im Streitfalle der Rechtsweg bei den ordentlichen Gerichten offen zu halten, soweit Reichsgesetze nichts anderes bestimmen. Enteignung durch das Reich gegenüber Ländern, Gemeinden und gemeinnützigen Verbänden kann nur gegen Entschädigung erfolgen.

Eigentum verpflichtet. Sein Gebrauch soll zugleich Dienst sein für das Gemeine Beste.

122) 다마슈케의 개량주의적 토지소유사상에 관하여는, 金相容, 前揭 土地所有權 法思想, 253－255面 참조.
123) 김윤상 譯, 헨리 조지 著, 전게 진보와 빈곤, 347면.

출한 지대는 반드시 사회전체의 것이 되어야 한다고 하였다.[124)]

중국의 손문은 헨리 조지와 다마슈케의 영향을 받아 모든 국민의 토지에 대한 평등한 소유권을 실현하고자 하는 平均地權(equal right to land) 사상을 주장하였다.[125)] 손문에 의한 평균지권 사상의 내용은 전국의 토지를 국민들이 평등하게 나누어 소유하는 것이 아니라, 사회발전에 따라서 토지에 발생하는 불로소득인 개발이익을 사회로 환수하여 국민 모두를 위하여 사용하여야 한다는 사상이다. 손문의 평균지권 사상은 대만에서 개발이익을 토지증가세(Land Value Increment Tax)로 환수하여 그 세수를 모두 국민교육을 위한 재원으로 사용하는 제도로 실현이 되어 오늘날에도 여전히 시행되고 있다.[126)]

오늘의 사소유권, 특히 근대의 토지사소유권은 사회주의로부터 폐지의 주장이 강하게 제기되었다. 그러나 사소유권의 폐지를 주장한 사회주의는 몰락하였다. 그렇지만 사소유권을 그대로 인정하면서 사소유권의 남용방지를 위한 사소유권의 사회성과 공공성의 인정과 개발이익의 사회환수를 주장한 개량주의적 사소유권 사상은 여전히 그 생명력을 유지하고 있다. 그러므로 로크가 주장한 노동가치설에 입각한 사소유권의 성립과 천부인권으로의 사소유권 사상은 소유권의 사회성·공공성의 인정 및 불로소득인 개발이익의 사회환수의 정당성을 인정하는 개량주의 소유권으로의 변화를 거쳐서 오늘에까지 이어지고 있다고 해석된다.

개량주의자의 범주에 속하지는 아니하지만 소유권의 사회성과 공공성을 인정하고 소유권의 제한성과 의무성을 인정하는 견해는 예링(Rudolf von Jhering: 1818－1892), 기르케(Otto von Gierke: 1841－1921)

124) 上揭書, 353면.
125) Dr. Sun Yat－Sen, The Three Principles of the People (Taipei, China Cultural Service, 1981), p. 113.
126) 손문의 평균지권 사상에 대해서는 金相容, 前揭 土地所有權 法思想, 264－267면 참조.

등에 의해서도 주장되었다. 특히 기르케는 의무없는 지배는 존재하지 않으며, 소유권은 그 자체(an sich) 제한받는 물권이라고 하였다.[127] 그리고 그는 모든 인간과 인간은 관계로 맺어져 있으며 인간과 물건과도 궁극적으로는 인간과 인간의 관계라고 하였다. 그리하여 그는 근대 민법에서 소유권을 인적관계로 파악하지 아니하고 오로지 물건에 대한 배타적, 절대적·지배권으로 파악하여 입법한 것을 비판하였다. 또한 기르케는 소유권은 논리적 범주에 속하는 것이 아니라 역사적 범주에 속한다고 주장하여 소유권을 불변적인 천부인권성의 권리로 파악한 로크와 그 후의 근대 자유사소유권 사상에 반대하였다.[128]

3. 자유사소유권의 사회성, 공공성의 강화와 민법에서의 입법

사회주의에서는 사소유권의 폐지를, 개량주의에서는 사소유권에 강한 공적 규제를 주장하고 소유권의 내용을 토지가치 중에서 현재의 이용가치만을 인정하고 장래의 가치의 상승분을 제외시키고자 하였다. 이러한 사소유권에 대한 강한 제재의 주장은 사소유권의 사회성과 공공성을 강조하는 방향으로 진행이 되었다. 이러한 사소유권의 변화를 자본주의 諸國에서 수용하지 아니할 수 없었으며, 이러한 소유권의 사회성 공공성의 입법은 사소유권을 지키기 위하여 수용하지 아니할 수 없었다.

127) 田山輝明, 前揭 土地法の歷史と課題, 207面.

128) 로크와 그의 사상을 이어간 근대 자연법론자들은 소유권을 법선재적인 권리로 파악하였다. 그러나 경험론에서는 소유권을 역사적 개념으로 파악하여 소유권을 역사발전에 따라서 그 내용이 변화하는 권리로 파악하였다. 오늘날에는 소유권은 문화의 변화에 따라서 변화한다고 하기도 한다(Vgl., Werder, a. a. O., S. 464). 이러한 견해에 의하면 오늘날은 근대 자본주의 시민사회의 발전과정에 있는 시대이므로 근대 자유사소유권의 기본은 여전히 유지되고 있다고 반론을 제기할 수도 있을 것으로 생각된다.

그리하여 1896년의 독일민법에서는 프랑스 민법에서와는 달리 소유권은 절대적으로 사용, 수익, 처분할 수 있는 권리가 아니라, 소유권자는 법률 및 제3자의 권리에 반하지 아니하는 한 임의로(nach Belieben) 처리할 수 있고 모든 간섭을 배제할 수 있다고 규정하였다. 그리고 독일민법에서의 "임의로"라는 규정의 의미는 "자유롭게"라는 뜻으로 해석된다. 그리고 1919년의 바이마르 헌법에서는 최초로 소유권의 사회성과 공공성을 명시적으로 입법을 하였다. 그리하여 바이마르 헌법 제153조 제3항에서는 사소유권의 행사에 의무를 부과하여, 사소유권의 행사에 공공복리적합의무를 입법하였다.129) 소유자의 노동이나 투자없이 발생한 토지의 增價(Wertsteigerung des Bodens)는 사회를 위하여 유용하게 이용될 수 있어야 한다고 규정하였다.130) 이와 같이 바이마르 헌법에서는 소유권의 사회성과 공공성을 명시적으로 규정하고, 토지소유권에 대해서는 개발이익을 사회로 환수하여야 함을 규정하여 사소유권을 강하게 제약할 수 있는 헌법상의 근거를 최초로 마련하였다. 이러한 바이마르 공화국 헌법의 소유권의 사회성·공공성을 강하게 규정하면서도 동시에 사소유권을 법이전의 객관적인 제도로서도 인정하여, 로크에 의한 사소유권의 천부인권성을 긍정하면서 동시에 강한 사회성과 공공성을 인정하고 있다고 해석된다.

이와 같은 바이마르 헌법의 소유권에 대한 사상과 제도는 개발이익의 적극적인 환수규정 외에는 본 기본법(GG)에서도 그대로 유지되고 있다.131) 일본민법(제206조)은 소유권은 법령의 제한 내에서 자

129) Artikel 153 Abs. 2 Weimarverfassung: Eigentum verpflichtet. Sein Gebrauch soll zugleich Dienst sein für das Gemeine Beste.

130) Artikel 155 Abs. 3 S. 2 Weimarverfassung: Die Bearbeitung und Ausnutzung des Bodens ist eine Pflicht des Grundbesitzers gegenüber der Gemeinschaft. Die Wertsteigerung des Bodens, die ohne eine Arbeits- oder eine Kapitalaufwendung auf das Grundstück entsteht, ist für die Gesamtheit nutzbar zu machen.

131) Artikel 14 Abs. 1 GG: Das Eigentum und das Erbrecht werden gewährleistet.

유로이 사용, 수익, 처분할 수 있는 권리로 규정하고, 우리 민법(제211조)에서는 소유권은 법률의 범위 내에서 사용, 수익, 처분할 수 있는 권리로 규정하여, 일본민법에서와는 달리 자유로이를 삭제하였다. 단순히 법문으로만 살펴보면 우리 민법이 사소유권의 사회성과 공공성을 일본민법에서 더욱 강하게 규정하고 있다고 해석할 수 있다. 그리고 우리 헌법 제23조 제2항에서는 재산권행사의 공공복리적합의무를 규정하여 사소유권의 행사에도 역시 공공복리적합의무가 요청되고 있다.

이와 같이 오늘날의 자본주의 제국에서의 사소유권은 로크의 천부인권으로서의 소유권에서 출발하여, 천부인권으로서의 소유권의 근원적인 법적 성질은 인정하면서 동시에 강한 사회성과 공공성을 인정하는 방향으로 수정되어 오늘에 이르고 있다고 해석된다. 이는 사소유권 폐지의 사회주의도 용인하지 아니하며, 개발이익의 사회환수를 적극적으로 실천해 나갈 것을 요구하는 개량주의 토지소유권 사상도 그대로 수용하지 아니하며, 자본주의 고유의 사소유권의 근본을 인정하면서 동시에 그 사소유권에 사회성, 공공성을 강하게 부여하여 자유사소유권의 남용을 방지하고자 하고 있다고 해석된다. 그리하여 오늘날에는 로크의 천부인권으로서의 사소유권의 근간을 유지하면서 동시에 사소유권에 강한 사회성과 공공성이 부과되고 있다고 할 수 있다. 그 사회성과 공공성은 사소유권의 내용은 정의에 부합될 것이 요구되며, 사소유권의 행사에는 단순히 공공복리적합의무를 넘어 이웃사랑을 적극적으로 실천할 것이 요구된다고 해석함이 바람직하다고 생각한다.[132]

Inhalt und Schranken werden durch die Gesetze bestimmt.
Artikel 14 Abs 2 GG: Eigentum verpflichtet. Sein Gebrauch soll zugleich dem Wohle der Allgemeinheit dienen.

132) 핀란드에서의 토지와 자연에 대하여 모든 국민이 권리로서 향유할 수 있는 萬人權은 토지소유권에 대한 이웃사랑 실천의 대표적인 예로 들 수 있을 것으로 생각된다. 만인권은 비록 타인소유의 토지라 하더라도 그 타인소유토지에 대하여

참고로 스위스에서는 소유권 보호에 관하여 칸톤법에 위임되어 있었으며 스위스연방헌법에서는 소유권보호에 관한 규정이 없었다. 이러한 헌법에서의 소유권 보호에 관한 규정이 없었기 때문에 헌법에서 소유권 보호의 규정을 입법하기 위한 연구과정에서, 사소유권은 인간의 자유영역(Freiheitsraum)의 창조와 확대를 위한 제도이며, 따라서 사소유권의 보호 없이는 다른 인간의 자유도 위협을 받게 된다고 하고, 소유권은 다수인에게 분산시켜야 한다고 하였다. 이는 인간의 자유와 기본권 보장을 위한 필수적인 보충방법이라고 하였다. 그리고 과도한 토지집중의 방지를 위한 토지정책이 필요하며, 토지소유권은 대폭적으로 제한되어야 한다고 하였다.[133][134]

4. 자유사소유권의 수호를 위한 법이론의 대두: 제도보장론

사소유권의 사회성, 공공성이 강조되고, 개발이익의 사회환수가 주장되고, 이러한 사상에 기하여 소유권의 공공복리 적합의무를 헌

모든 핀란드 국민이 토사를 채취하거나 사냥을 하거나 과일을 수취할 수 있는 등의 타인토지에 대한 핀란드 국민들의 법적인 권리이다(Vgl., 小谷汪之, 山本眞鳥, 藤田 進, 前揭 土地と人間, 85面). 이러한 만인권은 자연의 혜택을 받을 수 있는 만인의 권리로서, 토지소유자의 입장에서는 토지소유권을 통한 이웃사랑의 실천으로 그 내용이 구성된 토지소유권이라 할 수 있다.

133) Binswanger, a. a. O., SS. 166–172.

134) 이러한 연구결과에 기초하여 1999년에 스위스연방헌법(Bundesverfassung der Schweizerischen Eidgenossenschaft)이 개정되어 소유권에 과한 규정이 신설되었으며 2000년도부터 시행이 되었다. 신설된 소유권 규정의 내용은, 스위스연방헌법 제26조 제1항에서는 소유권은 보장된다(Der Eigentum ist gewährleistet), 제2항에서는 수용과 수용과 동일시되는 소유권 제한에 대해서는 완전보상이 이루어져야 한다(Enteignung und Eigentumsbeschränkungen, die einer Enteignung gleichkommen, werden voll entschädigt), 제36조 제4항에서는 기본권의 핵심내용은 불가침이다(Der Kerngehalt der Grundrechte ist unantastbar)이라고 규정되었다. 그리하여 스위스연방헌법은 바이마르 헌법, 본기본법과 함께 사소유권의 제도보장론에 입각하여 존속보장(Bestandesgarantie)이 가치보장(Wertgarantie)에는 앞선다는 사상에 입각하여 소유권을 입법하였다고 평가된다.

법과 민법에서 규정하게 되자, 소유권에 대한 강한 공적 규제로 인하여 천부인권으로 인정되었던 근대의 자유사소유권의 形骸化를 방지하기 위한 법이론이 형성되었다. 그것이 바로 제도보장론(Lehre von der institutionellen Garantie)으로서 사소유권을 내용으로 하는 사유재산제를 법적인 제도 이전에 이미 주어진 사회의 객관적인 제도로서 사소유권 제한에는 일정한 한계가 있다는 법이론이다. 그리하여 제도보장론에서는 사소유권은 법률에 의하여 제한없이 규제할 수 있는 권리가 아니라, 사소유권과 사유재산제도는 사회의 객관적인 법제도로서 이것에 대한 제한은 최소한의 제한에 그쳐야 한다고 하여 근대의 자유사소유권의 천부인권성의 근간을 유지하기 위한 사회주의와 개량주의 등의 사소유권 제한에 대한 반론으로 정립이 되었다.

이러한 제도보장론은 마르틴 볼프(Martin Wolff: 1872－1953)가 처음으로 주장하였다.[135] 제도보장론은 제도의 본질적 내용은 객관적인 법제도로서 이를 헌법에 규정함으로써 하위의 법률에 의하여 객관적인 법제도의 폐지나 본질의 훼손으로부터 이 법제도를 수호하려는 데에 그 의의가 있었다.[136] 볼프가 주장한 제도적보장론도 결국 사회주의와 개량주의에 의하여 사소유권의 폐지 내지 본질적인 침해의 위험성이 제기되고 있었던 시기에 사소유권과 사유재산제를 헌법에 규정하여 이들을 지키기 위한 법이론으로 주장되었다. 이와 같은 내용의 제도보장론은 사소유권이 사회주의와 개량주의로부터 비판을 받아 바이마르 헌법에서 법률에 의해서 사소유권에 대하여 강한 공법적 규제를 가능케 함[137]과 동시에 그 헌법에서 사소유권은 보장하고 있으므로[138] 그 사소유권에 대한 규제로부터 사소유권의

135) Werder, a. a. O., S. 16; 金哲洙, 憲法學槪論, 第15全訂新版(박영사, 2003), 265면.
136) 김철수, 上揭書, 264면.
137) Artikel 153 Abs. 1 S. 2 Weimarverfassung: Sein Inhalt und seine Schranken ergeben sich aus den Gesetzen.
138) Artikel 153 Abs. 1 S. 1 Weimarverfassung: Das Eigentum wird von der Verfassung gewährleistet.

본질을 지키고자 한 법이론이었다.[139] 이와 같은 사소유권의 제도보장론은 인간의 자유보호와 인격의 자유전개의 사상 및 법제도와 결합하여 형성되고 발전되었다.[140][141] 생각건대 볼프가 지키고자 한 사소유권과 사유재산제의 제도보장은 천분인권으로서의 사소유권의 본질을 지키고자 한 법이론이었다고 해석된다.

5. 사회주의의 몰락에 의한 자본주의의 一極化와 신자유주의의 대두

자본주의를 비판하면서 생성된 사회주의는 1990년대초 구소련과 동구 사회주의국가의 몰락으로 그 생명을 다하고 사회주의의 허구성을 입증하고 말았다. 그리하여 사회주의가 더 이상 자본주의를 대체할 만한 사상도 경제체제도 아님이 입증되었다. 그러나 자본주의는 사소유권을 기본으로 하여 시대의 변화에 따라서 자기 수정을 하면서 사회주의와의 사상대립 및 체제대결에서 사회주의를 이기게 되었다. 그러므로 자본주의와 사회주의의 양극체제가 유지되어오다가 사회주의가 몰락한 이후에는 자본주의 一極化로 진행이 되고 있다. 그리하여 자본주의의 핵심내용인 생산수단에 대한 사소유권과 사유재산제는 이를 더욱 강조하는 신자유주의로 전환되고 있다. 가능한 한 사소유권과 사유재산제를 강력히 보호·강화하고, 기업의 경제활동에 대해서는 가능한 한 외부로부터의 간섭을 배제하는 방향으로 사회경제가 진행되고 있다.

사회주의 몰락에 의하여 제약없는 자유사소유권, 자유경제활동의

139) Binswanger, a. a. O., S. 65.
140) A. a. O., S. 126
141) 이러한 제도보장론은 1962년 독일연방대법원에서 받아들여졌다(Vgl., a. a. O., S. 127).

강화는 사회전체적으로는 부를 더욱더 증가시키지만, 가진 자는 더욱더 많이 가지게 되고, 없는 자는 더욱더 빈곤해 지는 사회경제적 강자와 사회경제적 약자의 대립이라는 양극화 현상이 심해지는 사회문제를 초래하고 있다. 신자유주의로의 사회·경제의 발전은 금융의 자유화, 경제의 세계화와 블럭화, 자유무역협정의 확대 등의 현상으로 나타났으며, 이러한 과정에서 해지펀드 등의 도덕적인 해이상태의 발생, 기업이 국가를 상대로 소송을 제기할 수 있는 권리의 인정에 의한 기업의 국가보다 우위 현상의 발생, 약자의 강자에의 의존 내지 종속현상의 발생 등으로 가진 자는 한없는 풍요를 누리고 약자는 살아가기 힘든 상태로 내몰리고 있다. 그리고 소비사회의 진전에 따라서 생산을 증진시키기 위하여 소비를 미덕으로 강조함으로써 자기도 모르는 사이에 사람들은 소득을 초과하는 지출을 강요받는 시대로 접어 들어가고 있다. 그리고 전자·통신기술의 발달과 이를 기초로 하는 로봇기술의 발달은 능력이 부족한 사람은 직업조차도 갖지 못하는 심각한 사회문제가 발생하고 있다. 아무리 사회경제적 약자를 위한 사회안전망을 갖추어간다 하더라도 안정적이고 평화로운 삶을 영위하기 어렵게 되는 사회로 발전해 나가고 있다.

이러한 사회문제의 발생의 근본원인은 사소유권의 천부인권성을 인정한 근대 자유사소유권 사상과 제도가 가져온 부작용의 결과라 생각된다. 인간의 인격의 자유전개의 재산적 기초로서 인정된 자유사소유권과 사유재산제가 너무 고도로 발전하여, 처음에는 산업혁명 이후의 유산자와 무산자의 계급대립의 모순을 가져왔고, 지금은 양극화라는 세계적인 계층간의 대립을 초래하고 있다. 그 대립의 본질은 여전히 동일하게 사소유권과 사유재산제의 제한없는 보장과 보호에 있음을 알 수 있다.

사소유권과 사유재산제의 원칙은 인정되고 보장되어야 한다. 인간은 인격적 존재이고 자유의 존재이기 때문에 모든 사람에게 사소유권과 사유재산제는 유지되어야 한다.[142] 그러나 자기만의 사소유권과 사유재산제를 너무 강조하게 되면, 가진 자가 못 가진 자를 지배하게 되는 모순 현상이 발생한다. 한편으로 인간은 사회적 존재로서 혼자만이 부를 축적할 수도 없고 부를 축적하였다 하더라도 혼자만으로는 그 부를 향유할 수도 없다. 그러므로 평화롭고 안정적인 사회생활을 가능하게 하기 위해서는 사소유권과 사유재산에 강한 의무를 인정하여야 한다. 다시 말하면 단순히 사소유권의 사회성과 공공성을 인정하는 정도를 넘어서 적극적으로 이웃을 배려하고 사랑하여 함께 더불어 살아가야할 의무가 부과되어야 한다. 다시 말하면 사소유권을 인정하고 보호하되, 함께 더불어 살아갈 수 있는 이웃사랑의 의무가 사소유권에 내재적으로 인정되어야 한다. 그것이 바로 정의와 이웃사랑의 사상이 소유권 내에서 규정되어야 한다는 토지소유권 사상이다.

Ⅳ. 기독교에서의 사소유권에 대한 신학사상

1. 가톨릭에서의 소유권 사상

초대 기독교회에서는 재화의 공동이용이 원칙(Gemeingebrauchsprinzip)이었으며 소유질서는 이러한 공동이용의 원칙하에 있었기 때문에 소유도 역시 공동소유(Gemeineigentum)가 원칙이었다. 따라서 사소유는 가치가 낮은 소유형태이었다.[143] 그러나 중세에 들어와 토마스 아퀴나스(Thomas Aquinas: 1224/25－1274)에 의해 사소유권이 인정될 수 있는 가톨릭교회에서의 소유권 이론이 정립되었다. 토마스 아퀴

142) Binswanger, a. a. O., S. 61.
143) Werder, a. a. O., S. 20.

나스는 공동소유가 사소유보다 더 좋은 상태라는 것을 결코 부인하지 않았다. 그러나 그는 사소유의 정당성에도 무게를 두었다.[144] 아퀴나스는 신은 절대적인 소유자이며, 신은 이성의 은총을 받은 인간에게 인간의 육체의 부양을 위하여 영혼이 없는 자연에 대한 지배권을 부여하였다고 하였다.[145] 그러나 다른 한편으로 아퀴나스에게 있어서 인간의 자연지배의 최고의 원칙과 목표는 공동선의 실현(Verwirklichung des Geimenwohls)에 있었다.[146] 그리고 이러한 공동선의 원칙은 재산질서는 사회정의에 입각하고 있을 것과 사회정의의 기준은 각자에게 그의 것을 주는 것(suum cuique)이라고 하였다.[147]

결국 아퀴나스는 공동선, 즉 공동의 복지의 달성이 재산질서에의 최고의 원칙이며, 이를 달성하기 위하여 소유권은 공동소유이든 사소유이든 상관이 없으나, 이미 현실적으로는 사소유가 허용되고 있으므로 사소유권을 인정함이 타당하다고 하였다.[148] 따라서 아퀴나스에게 있어서의 사소유권 인정은 자연법에 기초한 것이 아니라, 사소유권 인정의 실용성과 사소유권의 역사적 발전에 근거하고 있다.[149][150] 따라서 아퀴나스는 사소유권을 인정한다 하더라도 그것이 공공복리의 증대를 가져온다면 사소유의 인정도 정의롭다는 것이었다. 이러한 아퀴나스에게 있어서의 사소유권은 형이상학적인 성질의

144) A. a. O., S. 21.
145) A. a. O., S. 21.
146) A. a. O., S. 22.
147) A. a. O., S. 22.
148) A. a. O., S. 23.
149) A. a. O., S. 23.
150) 이와 같이 토마스 아퀴나스의 사소유권 인정의 이론은 아리스토텔레스의 사소유와 사유재산 옹호의 이론의 영향을 받았다. 아리스토텔레스는 당시에 이미 대제국을 이루었던 마케도니아제국이 역사발전의 동인이 되는 엔테레히이(Entelechie)이었으며, 당시 마케도니아인들이 피정복지에서 현실적으로 가지고 있었던 사소유의 정당성을 인정하고 이를 귀납적인 방법에 의하여 이론적으로 뒷받침하였다. 이러한 아리스토텔레스의 사소유의 이론을 아퀴나스가 이어 받았던 것이었다.

것이 아니라, 철저히 실용적이고 역사적 성질을 가졌다.[151]

좀 더 상세히 아퀴나스의 사소유권 인정의 근거를 살펴보면, 개별적인 사소유권이 공동소유권일 때보다 보다 더 큰 이용의 자극를 주며, 사람들은 공동소유에 있을 때보다는 자기 소유의 재화를 더 세심하게 이용하게 되며, 소유에 제한이 없는 사소유권을 인정하면 공동소유에 있어서 발생하게 되는 구성원간의 분쟁을 피할 수 있는 장점이 있다고 하였다.[152]

이러한 가톨릭 교회에서의 소유권에 대한 신학사상에 입각하고 있었던 가톨릭 교계에서는 아퀴나스의 스콜라철학적 이론을 더 이상 발전시키지 아니하고, 이성적인 로크의 소유권 사상과 관계를 갖고 발전하게 되었다. 가톨릭 교계에서 로크의 소유권 사상으로 전환하데 된 계기는 집단적 소유권을 주장하는 사회주의와 공산주의에 대한 교회의 투쟁과정에서 형성되었다.[153] 그리하여 가톨릭 교계에서 사소유권을 인정하게 된 것이었다. 그리하여 가톨릭 교계에서는 오늘날 사소유와 공동소유에 대해서 가치중립적인 태도를 취하여,[154] 어느 소유제도가 우선적이라고 하지 아니한다. 그러나 어느 소유제도에 있어서나 가톨릭 교계에서는 공공복리 내지 공동선의 실현을 강조할 뿐이다.[155]

사견으로는 성서에서의 禧年制度[156](jubilee: Jubiläum)를 소유권에의 적용 가능성 및 적용방법에 대해서 검토해 볼만한 가치가 있다고 생각된다.

151) Werder, a. a. O., S. 23.
152) A. a. O., S. 23.
153) A. a. O., S. 26.
154) A. a. O., S. 35.
155) A. a. O., S. 37.
156) 희년제도의 자세한 내용에 관하여는, 제4장 각주 1) 참조.

2. 개신교에서의 소유권 사상

개신교계는 소유권에 대한 개신교계 전체의 통일적인 이론을 발전시키지 못하였다. 지구상의 모든 재화는 신의 소유이며, 인간은 신으로부터 레엔[157](Lehen)으로 수여받은 소유물을 개신교윤리에 따라서 보유한다고 한다. 그리하여 개신교계의 소유권은 소유권의 의무성이 강조된다. 다시 말하면 소유물, 특히 토지는 신으로부터 주어진 인간의 레엔이므로, 이로부터 소유권의 의무성(Eigentumspflichtigkeit)이 도출되어 사소유권의 의무가 강조된다.[158]

또한 개신교계에서는 소유권없이는 인간의 자유가 존재할 수 없으므로, 사소유권은 창조의 권리(Schöpfungsrecht)라고 한다.[159] 그러나 공공체가 개인에 우선하며, 따라서 공동체의 복지가 사소유권에 우선한다고 한다.[160] 그리하여 개신교계에서는 사소유권은 입법이전에 주어진 질서의 모형으로 파악하여,[161] 결국 사소유권과 사유재산제에 관한 제도보장론의 사상을 견지하고 있다고 평가된다.

그리고 또한 개신교계에서는 사유재산에 대하여 개인의 사유재산을 사랑의 규범에 기초하여, 자신의 생명과 가족의 생명을 보존하는데 소유물을 사용하고, 남는 것은 이웃에 속하는 것으로서 이웃에 대한 사랑을 실천하는데 사용하여야 한다고 하였다. 만일 그렇지 않

157) 레엔은 중세 봉건사회에서 봉주가 봉신의 자기에 대한 근무와 충성의 대가로서 수여된 수익이 나는 재화였다. 그러나 수익이 나는 재화로는 토지가 가장 중요하였지만 토지이외에도 성문지기, 관직, 징세권 등도 포함이 되었다. 그리고 이와 같이 봉주는 봉신에게 수익이 나는 재화를 수여하고, 봉신은 그 대가로서 봉주에서 충성을 다하는 봉주와 봉신간의 수수탁신의 관례를 레엔 또는 레엔제라고 한다. 레엔에 관하여는, 김상용, 서양법사와 법정책(피앤씨미디어, 2015), 289면이하 참조 요.

158) Werder, a. a. O., S. 40.

159) A. a. O., S. 40.

160) A. a. O., S. 41.

161) A. a. O., S. 42.

고 이웃을 위한 사랑의 실천에 사용하지 않으면 그 재물은 不義한 재물이라고 하였다. 그리하여 개신교계에서는 사유재산을 이웃을 위한 봉사, 즉 사랑을 실천하는 기초로 이해하여, 사유재산의 정당성을 인정하였다. 그리고 地代에 대해서는 십일조에 의하여 공동체로 거두어 들임으로써, 하나님의 공의와 경제적 정의를 구체적으로 실현할 것을 강조하였다. 이와 같은 개신교계의 사유재산의 인정과 불로소득인 지대를 십일조로 환수하자는 사상은 특히 마틴 루터의 경제사상이었다.[162] 또한 존 칼빈도 사유재산제를 옹호하면서,[163] 재산을 공유하면 그리스도인의 사랑의 실천인 慈善을 제대로 할 수 없다고 하여 사유재산제를 옹호하였다.[164]

이러한 개신교계의 자연권 내지 천부인권적인 소유권 사상은 독일의 연방헌법 및 각 주의 헌법에서 규정되게 되었다. 독일기본법 제14조 제1항 1문의 소유권은 보장된다는 규정과 독일기본법 제19조 제2항의 기본권의 본질적 내용은 침해할 수 없다는 규정은, 소유권이 자연권임을 직접적으로 규정하고 있지는 아니하지만 소유권은 초법률적인 자연권임을 전제한 규정으로 해석된다. 그리고 독일 라인란트 팔츠(Rheinland-Pfalz)주 헌법(1947년 제정) 제60조 제1항 제1문[165]은 소유권을 자연권으로 규정하였다. 이와 같이 독일에서는 소유권을 시민법적인 자연법적인 권리사상을 이어받아 이를 제도보장론에 입각하여 입법을 하여 오늘에 이르고 있다고 평가되고 있다.[166] 이는 개신교계의 사소유권 사상이기도 하다.

162) 김유준, "루터(Martin Luther)의 경제사상", 연세학술논집 제41집(연세대학교 대학원 총학생회, 2005), 145-146면.

163) 김유준, "칼빈의 경제사상에 관한 지공주의적(地公主義的) 고찰", 한국기독교신학 제67집(한국기독교학회, 2010. 1), 153면.

164) 칼빈은 상공업을 긍정적으로 평가하고 이자를 받는 것을 허용하였다(Vgl., 김유준, 상게논문, 153면).

165) Artikel 60 Abs. 1 S. 1 Verfassung für Rheinland-Pfalz: Das Eigentum ist ein Naturrecht und wird vom Staat gewährleistet.

166) Werder, a. a. O., S. 47.

Ⅴ. 자유사소유권의 장래: 박애사상의 내재의 확인과 실현

존 로크에 의하여 정립된 근대 자연법론에 의한 사소유권의 천부인권 사상은 근대 시민사회로부터 현재에 이르기까지 여전히 사소유권과 사유재산제의 기본사상으로 유지되고 있다고 해석된다. 비록 사회주의 사상에 의하여 사소유권 폐지의 주장이 있기는 하였지만 사회주의 사상이 오히려 그 생명력을 다하였으며, 사회주의 종말 이후에 신자유주의의 확산으로 사소유권이 강하게 그리고 더욱더 넓게 보호되고 있다. 그로 인하여 사회주의자가 사소유권의 문제점으로 그렇게도 비판하였던 산업혁명 후의 사소유권이 낳은 사회적 부작용과 마찬가지로 가진 자와 갖지 못한 자가의 계층간 갈등의 사회모순을 낳고 있지만, 인간을 자유의 인격적 존재로 인정하는 이상 여전히 사소유권은 천부인권으로서의 성질을 가지는 권리로 받아들여지고 있다고 해석된다.

근대 시민사회는 자유와 평등과 박애를 그 사상적 기초로 하여 생성된 사회이다. 그러한 자유, 평등, 박애의 사상을 실천하기 위하여 시민의 재산에 관하여는 사소유권과 사유재산제를 인정하고 또한 사소유권의 천부인권성을 인정하였다. 그리고 경제에 있어서는 생산수단의 사소유권을 인정하는 자본주의경제를 운용하여 왔다. 이러한 사소유권의 천부인권성의 인정과 자본주의 경제의 운용은 시민 중에서도 유산자 계층의 이익을 대변하고 보호할 수 있는 사상과 경제 체제였다.

그리고 근대 시민사회에서의 자본주의 경제의 운용과정에서 유산자들의 자유로운 활동을 보장하는 자유를 너무 강조한 나머지 사소유권의 천부인권성의 인정과 자본주의 경제의 운용은 유산자들에게는 무한한 자유가 되었지만 무산자들에게는 유산자들에게의 예속의 자유로 변질되었다. 그것이 바로 근대 자유사소유권의 인정과 자본주의 경제운용의 사회적 모순이었다.

왜 이러한 사회적 모순이 발생하게 되었을까? 근대 시민사회는 자유와 평등과 박애의 사상을 실천하여 모두가 행복을 누리를 사회를 만들고자 한 사상이었음에도 불구하고 왜 가진 자가 갖지 못한 자를 지배하는 사회적 모순이 발생할 수 있었던 것인가? 이에 대하여는 여러 가지로 설명이 가능하겠지만, 私見으로는 근대 근대사회에서는 인간의 자유와 평등이 보장되고, 사소유권을 천부인권으로 보장하면, 사회전체적으로는 보이지 않는 손에 의하여 모두가 자유롭고 풍요로운 삶을 살아갈 수 있을 것으로 믿었으며, 바로 인간에게 자유와 사소유권의 천부인권성을 인정하면 보이지 않는 손에 의하여 박애는 실천될 것으로 믿었기 때문으로 생각된다.

그리고 근대 시민사회에서는 자유를 극도로 강조하고 그 자유를 보장하는 법원리를 정립하여 이를 근대민법에서 규정하였다. 그러나 박애를 실천할 수 있는 법원리의 정립과 민법에서의 규정에는 소홀히 하였다. 오히려 민법에서는 오로지 자유의 민법 규정만을 두고, 서로간에 배려하고 서로 보호하는 인간의 자유에 대한 규제적인 내용은 의도적으로 민법에서 제외시켰으며, 규제는 공법에서 실천해 나가도록 하는 입법방식을 취하였다. 그러므로 자연히 박애가 근대 시민사회의 기본사상이었으나 민법에서는 이를 실천하는 법원리를 정립하여 규정하지 못하고, 공법으로 미루어 버렸던 것이라고 생각된다. 그로 인하여 민법에서는 물론 사회전체적으로도 인간의 자유와 천부인권으로서의 사소유권만을 극도로 강조하고 실현하였다고 판단된다. 그러한 박애의 실천법원리가 정립되지 못하고 실천 법규정을 민법에서 입법하지 못한 것은 근대 사소유권 인정의 로크 사상을 충실히 이해하지 못한 데에 있다고 생각된다.

로크는 사소유권의 천부인권성을 인정하면서 동시에 사소유권의 내재적 제한을 분명히 밝혔다. 그 제한내용은, 인간은 노동에 의하여 사소유권을 취득함에 있어서 다른 사람도 충분히 살아갈 수 있는 정도의 토지를 위시한 재화를 남겨두어야 하며, 자신의 생존을 위한 정도를 초과하여 취득하여서는 아니됨과 취득한 물건을 이용하지 아니하여 부패할 정도로 많이 소유해서는 아니된다고 하였다. 로크는 이웃을 배려하는 내용으로서 이미 소유권의 내재적 제약을 인정하였다. 이러한 내재적 제약은 바로 박애사상의 실천으로 해석된다. 이처럼 로크는 사소유권을 천부인권으로 인정하고 보호하면서 동시에 사소유권에 대한 天賦의 義務를 인정하였다고 해석된다. 그러나 근대의 자본주의 시민사회에서는 사소유권의 천부인권성은 강조하고 보호하면서 천부의 의무는 제대로 실천하지 못하였다고 해석된다. 이러한 사소유권은 천부인권이면서 동시에 천부의 의무를 부담하는 권리이었으나, 천부의무성을 충실히 실천하지 아니하였기 때문에 사회주의와 개량주의로부터 비판을 받았던 것이었다.

이와 같은 사소유권에 대한 비판은 사소유권 본래의 천부인권성과 천부의무성을 충실히 실현하지 못하고 천부인권성만을 너무 강조한 결과였다. 그러나 사소유권에 대한 폐지 내지 강한 비판이 제기되었지만 사소유권이 수정을 거쳐 지금까지 존속하고 있는 것은 사소유권의 본래의 성질의 하나인 천부의무성을 인식하고 이를 실천해 왔기 때문이라 생각한다. 그러나 지금도 근대 시민사회의 이상이었던 박애를 충실히 실천할 수 있을 정도로 사소유권의 천부의무성의 실현에 이르지 못하였다고 생각한다. 앞으로는 사소유권의 천부의무성을 천부인권성과 동등 정도로 강조하고 실천하여야 하는 것이 사소유권과 사유재산제의 과제라 생각한다. 그러한 실천이 바로 소유권에서의 박애의 실천이라 생각한다.

또 한편으로 로크의 사소유권의 천부인권성은 독일기본법에서 인정되고 또한 확인되고 있다. 로크의 사소유권의 천부인권성은 오늘날에는 소유권이 법선재적 권리라는 것과 사소유질서가 객관적인 규범질서라는 것으로 표현되고 있다. 이는 바로 사소유권의 천부인권성은 근대 시민사회이래로 지금까지 계속 인정되고 유지되고 있음을 의미한다. 앞으로는 사소유권을 통해서 박애의 사상을 실천할 수 있도록 하여야 하며, 그 근거는 바로 근대의 사소유권이 천부인권임과 동시에 소유권 내재적으로 천부의무의 부담을 지고 있음의 확인이다. 그리고 근대 초기의 박애사상을 오늘 날에 있어서는 정의와 이웃사랑의 실천으로 이루어 나갈 수 있고 이루어 나가야 한다고 생각한다.[167][168]

167) 근대 자유사소유권의 생성과 변화에 관한 사상적 고찰을 집대성한 저작으로는, Marietta Auer, Der privatrechliche Diskurs der Moderne(Mohr Siebeck, 2014)를 들 수 있다. 그 저서에서는 오늘날 사법, 그 중에서도 소유권에서 공적인 면과 사적인 면의 구별이 점차 사라지고 있다고 주장하고 있다(Vgl., a. a. O., S. 2).

168) 자본주의의 기본은 그대로 유지하면서 자본주의가 낳은 사회적 모순을 박애정신의 실천으로 이를 시정하여 자본주의가 본래의 그 기능인 부의 증대를 갖지 못한 자의 복지의 증대로 계층간의 갈등이 없는 사회를 만들어 사회평화를 달성할 수 있도록 하고자 하는 자본주의를 박애자본주의(philanthro-capitalism)라 한다. 기업의 사회적 책임의 강조와 실천도 이러한 박애자본주의의 한 모습이라 생각된다. 사견으로 박애자본주의의 실천은, 모든 사람이 생존하는 동안에는 자기의 노동에 의해서 부를 축적하여 그 부로 자신의 삶의 가치를 충분히 실현하고, 이 땅을 떠날 때는 자신의 남은 모든 재산을 상속할 것이 아니라 신탁하여 수탁자가 수탁받은 재산으로 사회공익, 즉 정의와 이웃사랑의 실천을 위하여 활용하도록 하는 방법이 가장 효과적일 것이라고 생각한다. 그리하여 공신력있는 신탁기업의 육성와 성장이 박애자본주의의 실현을 위해서는 매우 긴요하다고 생각한다.

제 3 장

토지소유권에 대한 입법, 헌법재판소의 결정 및 대법원 판례의 비판적 검토

제3장 토지소유권에 대한 입법, 헌법재판소의 결정 및 대법원 판례의 비판적 검토

Ⅰ. 개 설

우리나라에서는 토지정의를 토지공개념이란 이름으로 이를 실천해 보고자 하였다. 물론 토지공개념의 창안은 극심하였던 토지투기를 억제하기 위하여 토지소유권에 대한 공법적 규제의 정당성을 도출하기 위한 방안으로 시작되었지만, 토지공개념을 토지정의를 이루기 위한 平均地權의 이념으로 발전시켜야 했었다.

그러나 토지공개념을 실현하기 위여 입법된 법률들은 그 내용 구성에 있어서 흠결이 내재되어 있는 불완전한 법률들이었으며, 흠결이 있었지만 그래도 토지정의 질서를 이루기 위한 법률들을 헌법재판소와 대법원이 결정과 판결에 의하여 무력하게 만들고 말았다. 토지에 관한 입법은 토지정의를 실현을 위한 근본적이고 근원적인 사법적 방법에 의하기 보다는 공법적 규제에 의하여 비정상적인 토지관련 행위를 억제 하고자 하여 입법의 흠결을 낳을 수밖에 없었다. 예컨대 정상적인 토지거래질서를 이루기 위해서 부동산등기의 등기원인증서를 공정증서로 하여 국민들이 생활속에서 정상적인 토지거래가 이루어지도록 하는 일을 하지 않았다. 오로지 국가의 공권력에 의하여 규제를 하는 방향으로 입법을 하였다. 그러하였기 때문에 국민들은 규제를 피하는 방법을 찾게 되고, 생활속에서 정상적인 토지경제활동이 이루어지지 못하였다.

그리고 헌법재판소는 신자유주의적인 경제관에 입각하여 그나마 토지정의를 실천하려고 제정된 토지소유권 관련 법률들에 대하여 위헌결정 또는 헌법불합치 결정을 하여 토지정의 실현법률의 실효성을 떨어뜨렸다. 예컨대 토지초과이득법에 대한 헌법불합치 결정,[1] 택지소유상한에 관한 법률에 대한 헌법불합치 결정,[2] 등 토지공개념 관련 법률을 거의 모두 무력화시켰다. 그리고 사업소득세,[3] 금융소득에 대한 종합과세,[4] 종합부동산세[5]의 부과에 있어서 夫婦의 각 소득을 합산하여 부과징수하도록 한 소득세법, 종합부동산세법의 관련 규정을 모두 위헌으로 결정하였다. 그 이유는 법적인 부부의 소득을 합산할 경우에는 각각의 소득만에 관하여 부과징수하는 사실혼 부부의 경우보다 불리하여, 비례의 원칙에 어긋나기 때문이라고 하였다.

또한 대법원도 역시 토지정의 실현을 위한 법률을 판결에 의하여 무력화시켰다. 대표적으로 부동산실권리자명의등기에 관한 법률이 제정·시행되기 전의 명의신탁의 유효성을 인정한 판례들, 중간생략등기에 대한 규제규정을 단순한 단속규정으로 인정한 판결,[6] 부동산실명법을 위반한 명의신탁에 있어서 명의수탁자명의로 등기된 부동산이 명의신탁자의 불법원인급여가 아니라는 판결[7]등 부동산의 정의로운 질서에 반하는 판결들이라 판단된다.

1) 헌재 결정 1994. 7. 29. 92헌바49, 92헌바52.
2) 헌재 결정 1999. 4. 29. 94헌바37 외 66건(병합).
3) 헌재 2006. 4. 27. 2004헌가19.
4) 헌재 2005. 5. 26. 2004헌가6.
5) 헌재 결정 2008. 11. 13. 2006헌바112 등.
6) 대판 1993. 1. 26. 선고 92다39112.
7) 대판 2003. 11. 27. 선고 2003다41722.

그러면 왜 토지정의를 실천하려는 법률들이 법실증주의적인 법률관에 입각하여 부실하게 입법이 되고, 부실한 법률마저 무력화시키는 헌법재판소의 결정과 대법원 판결이 형성되고 있는가? 그것은 토지정의 실현의 법률을 만든 사람도, 그 법률을 해석하고 적용하고 집행하는 사람도 모두 토지를 적잖이 소유하고 있었기 때문에 그들의 토지자산을 지키려는 방향으로 허술한 법률을 만들고 허술한 법률마저 무력화시켰다고 생각한다.[8] 결국 토지관련법률의 제정과 동 법률들의 적용은 토지를 소유한 사람들에 의하여 이루어졌다. 그리고 민중은 토지정의를 해칠 수 있는 토지를 소유하지 못한 계층이다. 결국 토지자본가에 의한 토지법의 입법과 적용에 의하여 토지질서가 문란해졌다고 감히 말하고 싶다.

독일에서는 토지정의를 실현하기 위하여 토지질서를 私法法理에 의하여 해결하고 있다. 가장 대표적인 例로서 독일은 토지매매계약은 반드시 공정증서(notarielle Urkunde)로 작성하도록 하고(§ 311b Abs. 1 S. 1 BGB), 거래당사자가 합의하여 실거래내용과는 다른 토지매매계약을 체결한 경우에 독일연방대법원은 판례에 의하여 그 토지거래를 모두 무효가 된다고 판결하였다. 즉, 사실과 다른 내용의 토지매매계약을 공정증서로 작성한 때에 그 토지매매계약은 실거래계약과 다른 허위의 계약으로서 그 계약은 허위표시에 의하여 무효이며(§ 117 Abs. 1 BGB), 공정증서로 작성되지 아니한 진실한 토지매매계약은 방식위반으로 무효라고(§ 125 BGB) 판결함으로써 사실과 다른 내용의 토지매매계약은 무효로 된다. 이와 같이 독일에서는 토지매매계약을 공정증서로 작성도록 독일민법에서 규정하고, 독일연방대

8) 그것은 공직자 재산등록을 실시하였을 때에 정의롭지 못한 방법으로 토지를 취득한 대법원장이 대법원장직을 그만 둔 사례가 있었으며, 종합부동산세의 위헌결정 시에는 종합부동산세 과세의 대상자로 많은 수의 헌법재판소 재판관이 포함되어 있었음이 이를 반증하고 있다고 평가한다. 저자는 대법원은 토지투기를 적극적으로 조장은 하지 않았지만 방조한 잘못이 있다고 서술한 바가 있다.

법원은 판결을 통해서 부동산거래질서가 지켜지도록 진실을 담은 내용의 토지매매계약만을 유효로 다루고, 진실한 토지매매계약에 기하여서만 토지소유권이전등기가 이루어지도록 판례가 이를 뒷받침하고 있다.

이하에서는 부실한 토지정의 실현의 법률내용과 그런 부실한 법률마저 무력화시키는 헌법재판소의 결정과 대법원 판례의 자세한 내용을 살펴보기로 한다.

Ⅱ. 토지소유권 관련 법률의 不實한 입법과 동법률들에 대한 헌법재판소 결정 및 대법원 판례검토

1. 부동산거래의 정의를 세우기 위한 법률과 동법률들에 대한 헌법재판소의 결정과 대법원 판례

(1) 명의신탁 규제 법률과 동법률에 대한 헌법재판소 결정 및 대법원 판례

명의신탁은 사회적 해악만을 초래하였다. 그러나 대법원 판례에 의하여 그 유효성이 널리 인정되었던 법제도이다. 명의신탁은 명의신탁자와 명의수탁간의 합의에 의하여 소유권은 명의신탁자가 가지고 행사하면서, 그 소유명의만을 타인인 명의수탁자로 등기 또는 등록해 두는 법제도이다. 이러한 명의신탁은 부동산등기부 등의 공적인 등기부나 등록부를 이용하여 명의신탁계약에 의한 타인명의로의 등기 또는 등록에 의하여 이루어진다. 이러한 명의신탁은 日帝가 한국에서의 토지조사사업을 실시하고 그것에 기초하여 부동산등기부를 만들면서 이용되기 시작하였다. 토지조사사업시에는 한국의 토지

중 종중의 토지가 많았다. 종중은 권리능력없는 사단으로서 법인으로 등기부에 등기가 이루어지지 못하였다. 조선토지조사사업시의 조선부동산등기령에서는 종중토지를 권리능력없는 종중명의로 등기할 수 없었다. 그리하여 일제는 종중토지를 중중명의로는 등기할 수 없지만, 종중대표자의 명의로 등기를 하게 되면, 소유자인 종중과 등기명의자인 종중대표자간의 내부적 관계에서는 종중이 소유자이고, 종중의 종중대표자 이외의 제3자에 대한 대외적인 관계에서는 종중대표자가 소유자라는 소위 관계적 소유권 이론을 입론하여 이를 적용하였다. 그리하여 명의신탁이 인정되기 시작하고서부터는, 종중이 소유자이지만 소유명의자인 종중대표자가 그의 명의로 등기된 종중토지를 제3자에게 매각하면 그 제3자는 선의이든 악의이든 그 종중토지의 소유권을 취득한다고 하였다.

이러한 관계적 소유권 이론의 정립은 일제가 한국에서 일제에 저항할 수 있는 인적단체인 종중의 내분을 촉발하여 종중을 무력화하기 위한 수단으로 이용되었다. 종중의 대표자는 종중의 어른이 대부분이고, 그 어른인 종중대표자가 그의 명의로 등기된 종중토지를 제3자에게 매각하면 종중은 토지를 잃게 되고, 종중대표자를 상대로 매매대금의 반환을 청구할 수 있지만 일제시에 종중이 종중대표자를 상대로 소송을 하는 것은 어려운 일이었으므로, 결국 종중대표자가 그 매매대금은 私用하게 되고, 그것은 다시 종중과 종중대표자간의 갈등을 일으켜 종중의 인적결합체로서의 결속력을 약화시켰던 것이었다. 그것은 바로 일제에 저항할 수 있는 인적 결합체인 종중의 세력을 약화시키고자 한 식민지정책 수행의 사법적 방법으로 일제가 명의신탁을 이용하였던 것이었다고 평가된다.

명의신탁은 일제시의 조선고등법원에서 그 유효성이 인정되고, 해방 후 대법원 판결에 의하여 계속 그 유효성이 인정되었다. 대법원 판례는 명의신탁을 하게 된 이유를 묻지 아니하고, 명의신탁계약에 의하여 명의수탁자명의로 등기되어 있으면 그 명의신탁은 유효하다고 판결함으로써 널리 명의신탁이 허용되었다. 하금심에서 명의신탁계약은 반사회질서의 행위로서 무효라고 판결을 하였어도 대법원에서는 하급심 판결을 파기환송하여 명의신탁의 반사회절서성을 부인하였다.

이러한 명의신탁은 그 시작이 식민지 정책을 수행하기 위한 사법적 방법으로 이용되었으며, 건국 후에는 부동산투기의 합법적 방법으로 널리 이용되었다. 이러한 百害無益한 명의신탁제도를 대법원이 판례로써 그 유효성을 널리 그리고 계속해서 인정을 하였다. 특히 부동산투기의 합법적 방법으로 이용되었던 중간생략등기제도가 명의신탁제도와 결합하여 소위 중간생략명의신탁이 합법적인 부동산투기의 대표적인 법제도로 이용되었다. 그런데 공교롭게도 명의신탁과 중간생략등기는 판례에 의하여 그 유효성이 인정되었던 법제도이었지 법률에 의하여 입법된 법제도가 아니었다. 법률은 명의신탁이나 중간생략등기를 규제하는 입법이었다. 양 법제도가 판례에 의하여 그 유효성이 인정된 법제도이기 때문에, 비록 부동산투기의 억제를 위하여 양 제도에 대한 규제법률을 제정하였으나, 특히 대법원 판례는 규제법률의 실효성을 거의 무력화하는 방향으로 대법원 판례에 의하여 형성된 양 제도의 유효성을 인정하려는 방향으로 同규제법률의 관련규정을 해석, 적용하고 있다.

명의신탁이 부동산투기의 합법적인 방법으로 널리 이용되어, 부동산투기를 방지하기 위해서는 명의신탁에 대한 법적인 규율이 필요하였다. 그리하여 그 첫 번째 조치로 명의신탁을 하게 되면, 그것을 명의신탁자가 명의수탁자에게 증여한 것으로 보아 증여세를 부과하고자는 입법을 하였다. 그것이 바로 舊상속세법에 의한 명의신탁의 증어의제의 입법이었다. 그리하여 명의신탁 규제의 첫 법률로서, 1981년에 폐지된 증여세법 제32조의 2를 신설하여 명의신탁을 증여로 의제하는 규정을 둠으로써 명의신탁의 투기수단으로서의 이용을 규제하고자 하였다. 그러나 동조에 대하여 헌법재판소에서는 租稅回避의 목적이 없음이 명백한 경우에는 이를 증여(贈與)로 보지 않는다는 한정위헌 결정을 하였다.[9] 그리하여 명의신탁을 예외없이 증여로 의제하여 증여세를 부과할 수 없게 되어, 명의신탁을 규제하기 위한 증여세법의 규정을 무력화하였다. 그러므로 사실상으로는 명의신탁이 그대로 투기의 목적으로 이용될 수 있는 길을 헌법재판소가 열어 주었다.

그러나 토지투기는 더욱 격화되어 다시 명의신탁 규제의 법률을 제정하였다. 그것은 1990년 부동산등기특별조치법에 의한 명의신탁의 규제규정인 명의신탁등기신청자에 대한 형사처벌에 관한 규정의 신설(동법률 제7조 및 제8조 3호)이었다. 그러나 대법원은 명의신탁 금지규정을 효력규정으로 판결하지 아니하고 단순한 단속규정으로 판결하여[10] 명의신탁금지규정을 무력화하고 말았다. 그리고 또한 명의신탁에 의한 등기를 형벌로써 규제하자 부동산거래 실제에 있어서는 명의신탁계약의 해지를 원인으로 하는 사실상의 명의신탁등기가 행하여져서 부동산등기특별조치법에 의한 형사처벌규정을 두어도 명의신탁해지의 방법을 이용함으로써 명의신탁금지규정이 무력화되고 말았다.

그리하여 더욱 강력한 명의신탁을 규제할 수 있는 조치를 취하였다. 그리하여 바로 1995년의 부동산실권리자명의등기에 관한 법률에 의하여 명의신탁계약과 그 명의신탁계약에 의한 물권변동을 무효로 하는 규정을 신설하였다(동법률 제4조). 同부동산실명법은 명의신탁을 반사회질서의 행위로 무효(민법 제103조)임을 법률로 규정하였다.

9) 헌재 결정 1989. 7. 21. 89헌마38.

10) 대판 1993. 8. 13. 92다42651; 대판 1994. 5. 24. 93다53450; 대판 1995. 11. 7. 94다1890; 대판 1995. 11. 14. 94누11729; 대판 1998. 3. 10. 선고 96누4558.

명의신탁이 반사회질서의 행위이면 그 명의신탁에 의하여 명의신탁자의 명의수탁자에 대한 명의신탁재산은 불법원인급여로서 그 반환을 청구할 수 없도록 하여야 동법의 규정이 실효성을 가질 수 있다. 불법원인급여가 아니라면, 명의신탁자는 명의신탁계약을 해지하고 명의신탁재산의 반환을 청구할 수 없지만, 부당이득을 이유로 하여서는 그 부당이득반환의 청구가 가능하다는 결과에 이른다. 대법원은 명시적으로 명의신탁자의 명의수탁자에 대한 명의신탁재산의 이전은 불법원인급여가 아니라고 판결하였다.[11]

그리하여 대법원은 기존명의신탁으로서 실명전환의무기간이 경과한 명의신탁에 있어서 부당이득을 이유로 그 원물반환을 인정하였으며,[12] 부동산실명법 시행 후에 약정한 장래의 명의신탁에 있어서는 그 명의신탁의 약정은 무효로서 명의수탁자에게로 등기된 부동산은 명의신탁자가 부당이득을 이유로 하여 그 원물반환청구는 허용되지 아니하지만, 매매대금에 해당하는 금액은 부당이득으로 명의신탁자가 명의수탁자를 상대로 하여 가액을 부당이득으로서 그 반환청구할 수 있다고 판결하였다.[13]

더 나아가 대법원은 부동산을 매수한 매수인이 그의 명의로 등기하지 아니하고 제3자 명의로 등기한 사안에서, 매수인과 등기명의인인 제3자간의 명의신탁약정은 무효로서 매수인은 그 제3자에 대하여 부당이득을 이유로 반환을 청구하지 못하지만, 매수인과 매도인간에는 유효한 매매계약의 존속하고 있으므로 명의신탁자인 매수인은 채권자대위권에 기하여 명의수탁자이고 등기명의인인 그 제3자에 대하여 매도인에게로 이전등기를 청구하고, 매도인명의로 등기가

11) 대판 2003. 11. 27. 2003다41722; 대판 2014. 7. 10. 2013다74769.
12) 대판 1999. 9. 17. 99다21738; 대판 2002. 3. 15. 2001다61654; 대판 2002. 12. 26. 2000다21123; 대판 2014. 5. 29. 2012다42505.
13) 대판 2005. 1. 28. 2002다66922; 대판 2007. 6. 14. 2007다17284; 대판 2008. 2. 14. 2007다69148, 69155.

이루어지면 매수인은 매도인을 상대로 하여 소유권이전등기를 청구함으로써 명의신탁재산의 원상회복을 인정하였다.[14] 이 판결에 의하면 채권자대위권에 의하지 아니하고, 명의신탁자는 명의수탁자를 상대로 하여 판례에 의하여 인정되는 진정명의회복을 위한 소유권이전등기청구권도 행사도 허용할 수 있을 것으로 판단된다.

이처럼 대법원은 부동산실명법 제4조의 意義를 전적으로 失效시키는 판결을 하여 법률에서 명의신탁을 무효로 규정하여도 명의신탁 규제의 실효성을 거의 발휘할 수 없도록 부동산실명법을 무력화하고 말았다. 부동산실명법에서 명의신탁을 반사회적 법률행위로 인정하여 그 반사회성의 구체적인 규정으로 명의신탁을 무효로 규정하고 있음에도 불구하고, 대법원은 명의신탁계약의 해지를 원인으로 해서는 그 명의신탁재산의 반환을 청구할 수 없고, 부당이득을 이유로 해서 원물반환은 인정되지 아니하지만 가액반환으로는 그 반환을 청구할 수 있다고 판결함으로서 명의신탁의 반사회성을 규정한 부동산실명법을 아무런 소용이 없도록 만들고 말았다. 반사회적인 명의신탁에 의하여 명의신탁자에게서 명의수탁자에게로 명의이전이 된 명의신탁재산의 반환을 불법원인급여로 다루지 아니하면 부동산실명법은 아무런 가치가 없는 것이다. 저자는 일찍부터 명의신탁의 반사회질서성을 인정하여 무효로 판단하였으며, 명의신탁을 금지하거나 무효로 규정한 법규정을 단속규정이 아닌 효력규정으로 파악하였으며, 효력규정위반으로 인한 무효의 법률행위에 의하여 이전된 재산도 역시 불법원인급여로 파악하여 그 반환을 청구할 수 없다는 입장을 견지하였다.

이와 같이 명의신탁에 관한 법률도 헌법재판소의 결정도 대법원 판례도 모두 부실한 결론이라고 생각한다. 이는 법실증주의에 입각하여 제정만 하면 법률이 된다는 너무나 安易하고 공법적 규제로 명

14) 대판 2002. 11. 22. 선고 2002다11496.

의신탁이 낳은 사회문제를 해결할 수 있다는 극히 국가주의적, 관주도적인 사고에 입각하고 있다고 평가된다. 법률은 국민의 일상생활 속에서 자연스럽게 지켜지고 실천되도록 하여야 한다. 그렇지 않고 규제만 하면 국민들은 명의신탁 규제의 법률이 언제든 풀릴 것이라는 요행심을 갖게 되며, 탈법을 하고자 하는 마음을 갖게 될 것이다. 헌법재판소는 극히 신자유주의적인 경제관에 입각하여 위헌결정을 하고 있다고 평가되며, 대법원은 사회질서의 유지보다는 형식논리의 법해석에 치중하여 명의신탁 규제법률의 실효성을 무력화하는 판결을 하였다. 참으로 안타까운 일이다.

그러나 가장 최근에 대법원은 명의수탁자가 명의신탁으로 받은 토지를 처분한 것이 명의신탁자에 대하여 횡령죄가 성립하지 않는다고 판결[15]하여, 지금까지 명의수탁자의 명의수탁부동산의 처분이 횡령죄가 성립된다는 판결[16]을 폐기하였다. 지금까지의 횡령죄 인정의 판결은 명의신탁을 반사회질서의 행위로 규정한 부동산실명법의 입법취지에 반하는 판결들이었다. 그러나 이번 대법원전원합의체 판결에서는 부동산의 명의신탁 자체가 불법이므로 명의신탁자는 신탁부동산의 소유권을 가지지 아니하며, 명의수탁자를 횡령죄의 주최인 타인의 재물을 보관하는 자로 볼 수 없으므로 횡령죄가 성립하지 않는다고 판시하였다. 이 판결에서 명의신탁자는 신탁부동산의 소유자가 아님을 명확히 하였으므로, 부당이득을 이유로 명의신탁자가 명의수탁자를 상대로 한 매매대금 상당액의 반환청구도 불법원인급여로서 그 반환청구를 인정하지 아니하는 판결이 이루어질 것이 기대된다.

법률의 제정, 법률의 해석과 적용은 법실증주의, 형식논리에 치중하여 할 것이 아니라, 가치에 입각하여 정의와 이웃사랑의 가치를

15) 대판(전원합의체) 2016. 5. 19. 2014도6992.
16) 대판 2001. 11. 27. 2000도3463; 대판 1999. 10. 12. 99도3170; 대판 2000. 2. 22. 99도5227; 대판 2000. 3. 24. 98도4347.

법률, 판례를 통해서 실천할 수 있는 자연법론에 입각하여 이루어져야 국민들의 일상생활속에서 자연스럽게 정상적이고 정의로운 법실천이 이루어질 수 있는 것이다. 그러나 현실의 명의신탁에 관한 법률, 판례는 그러한 이상과는 거리가 있다고 판단된다. 국민들로 하여금 제발 붙들리지만 말고 명의신탁을 숨어서 하라고 하는 것이나 마찬가지의 결과에 도달하고 있다. 결국 명의신탁을 규제하여 정상적인 부동산거래가 이루어지도록 하기 보다는 법률과 판례가 비정상적으로 숨어서 이러한 반사회적인 명의신탁을 하도록 유인하고 있다고 평가되며, 대법원은 형식논리의 판례를 통하여 이를 지원하고 있다고 해석된다. 법은 법실증주의에 입각하여 해석, 적용하기 보다는 이치와 가치에 입각한 자연법론에 입각하여 이루어나감이 법의 실효성을 提高하고 국민들로 하여금 법을 잘 지키도록 하는 법사상 내지 법이론임을 알 수 있다.

비정상적인 토지거래는 명의신탁의 방법이외에도, 담보지상권, 근저당권, 변칙담보 등에서도 나타나고 있고, 이러한 비정상적인 토지거래에 대해서 판례는 그 유효성을 인정하고 있다. 지상권은 그 본래의 내용이 건물이나 수목을 소유하기 위하여 타인의 토지를 이용할 수 있는 용익물권이다. 그러나 담보지상권은 근저당권을 설정하면서 근저당권자의 근저당권의 실행을 용이하게 하기 위하여 토지소유자인 근저당권설정자 및 그 저당권설정목적토지의 양수인으로 하여금 당해 근저당권목적토지에 지상권을 설정할 수 없도록 하기 위하여 설정되는 지상권이다. 근저당권목적토지에 근저당권을 설정한 후에 당해 목적토지에 대하여 지상권을 설정할 수 있도록 한다면 당해 근저당권목적토지의 소유자와 지상정착물의 소유자가 달라지게 되어 근저당권자는 자기의 근저당권의 목적물인 근저당권목적토지만의 실행이 어려워진다. 이러한 근저당권의 실행을 용이하게 하기 위하여 근저당권자명의로 지상권을 설정하여 근저당권설정목적토지에 대한 용익물권의 설정을 하지 못하게 할 목적으로 설정된 지상권이 바로 담보지상권으로서, 근저당권자명의로 지상권설정등기만을 해놓고 건물의 건축이나 樹木의 植栽는 전혀 하지 않는 지상권이다. 이러한 담보지상권을 정상적인 토지거래가 아님은 말할 것도 없다.

그리고 채권담보를 위하여 우리나라에서는 특정채권의 담보를 위하든 불특정의 채권을 담보하든 언제나 근저당권을 설정한다. 민법에서는 특정채권의 담보를 위해서는 보통의 저당권을 설정하고, 불특정의 채권을 담보하기 위해서는 근저당권을 설정하도록 규정하고 있음에도 불구하고, 보통의 저당권에는 피담보채권으로서 우선변제를 받을 수 있는 범위를 제한하고 있으므로(민법 제360조), 이러한 우선변제 범위의 제한을 회피할 목적으로 특정의 채권담보를 위해서도 근저당권을 설정하는 것이 일반적인 관행이다. 이를 판례도 그 유효성을 인정하고 있다.

또한 근저당권에 관하여는 민법에서 오로지 한 개의 조문(민법 제357조)만을 두어 근저당권을 제대로 규율하고 있지 못하고 있다. 이러한 법률규정의 불완전을 이용하여 담보실무에서는 근저당권이 일반적으로 이용되고 있고, 그 중에서도 포괄근저당권이 가장 일반적으로 이용되어 왔다. 포괄근저당권은 채권자인 근저당권자에게는 극히 유리하지만, 근저당권자이외의 채무자, 근저당권설정자, 물상보증인, 제3취득자, 후순위담보권자 등의 당해 포괄근저당권에 관하여 이해관계있는 제3자에게는 불리한 근저당권이다. 그럼에도 불구하고 금융실무에서는 포괄근저당권이 일반적으로 행하여져 왔으며 판례도 그 유효성을 인정하여 왔다. 포괄근저당권의 일반적인 이용에 의하여 금융현실에서는 금융소비자의 피해가 나타나게 되어 금융감독기관이 금융기관에 대하여 금융대출을 받는 자가 개인인 경우에는 그 개인에 대해서는 포괄근저당권의 설정을 요구할 수 없도록 하고, 법인인 경우에는 엄격한 제한적인 요건하에서만 포괄근저당권을 설정받을 수 있도록 은행법, 은행법시행령 및 금융위원회의 은행업 감독규정에서 규정하기에 이르렀다. 이러한 근저당권, 특히 포괄근저당권은 저당권의 법리에 비추어 용인될 수 없는 담보권임에도 불구하고 금융실무에서 일반적으로 이용되고 판례도 그 유효성을 인정하여 결과적으로 비정상적인 토지거래가 담보법에서도 행하여지게 하였다.

그리고 가등기담보권 및 양도담보권 등의 변칙담보권에 있어서도 그것이 진정으로는 채권담보를 위한 것임에도 불구하고 등기부상으로 소유권이전청구권을 보전하기 위한 청구권보전의 가등기인지, 담보를 위한 가등인지 구별되지 아니하며, 담보를 위한 소유권이전등기인지 소유권이전을 위한 진정한 소유권이전등기인지, 명의신탁으로서의 소유권이전등기인 지를 구별할 수 없다. 이러한 가등기담보, 양도담보의 소유권이전의 가등기, 소유권이전등기도 비정상적인 등기이며 비정상적인 방법으로 이루어지는 부동산거래이다. 그럼에도 불구하고 실무에서는 이용되고 있고 판례 또한 그 유효성을 인정하여 왔다. 부동산등기법에서 담보를 위한 가등기의 경우에는 그 등기원인을 담보가등기임을 표시하고, 담보를 위한 소유권이전등기인 경우에는 그 등기원인을 역시 담보목적임을 표시하도록 규정은 하고 있지만 실무에서는 전혀 구별이 되지 아니하며, 판례 또한 어떠한 가등기 또는 소유권이전등기이든 유효하다고 함으로써 비정상적인 토지거래가 행하여질 수 있는 원인을 제공하고 있다.

이와 같이 우리나라에서의 토지거래에는 비정상적인 거래가 너무 많이 행하여지고 있으며, 실무에서의 이러한 비정상적인 거래를 판례가 그 유효성을 인정하여 왔고 지금도 인정하고 있기 때문에, 물권법이 정상적 물권거래의 법이어야 함에도 불구하고, 정상이 아닌 물권거래의 유효성을 인정하는 법리의 내용으로 구성하여 이를 설명하는 법으로 변질되어 있는 느낌이다. 이는 토지정의, 특히 토지거래부문에서의 정상적인 토지거래정의에 반함은 아무리 강조해도 부족하다.

(2) 중간생략등기의 유효성 인정의 판례

중간생략등기도 판례에 의하여 그 유효성이 인정된 등기방식이지만, 명의신탁과 함께 부동산투기의 합법적인 방법으로 널리 이용되었다. 그럼에도 불구하고 대법원은 중간생략등기의 유효성을 널리 인정하였다. 중간생략등기는 중간자의 등기를 생략하고서 최초양도인에게서 최후양수인에게로 곧바로 이전등기를 하는 방식의 등기방법이다. 이러한 등기방식은 부동산물권변동에 있어서 대항요건주의를 취한 구민법하에서는 용인될 수 있었다. 그러나 성립요건주의로 부동산물권변동의 원칙이 바뀐 후에도 그대로 이를 인정하여 부동산거래질서를 흐트리는 합법적인 방법으로 이러한 중간생략등기가 이용되었고 대법원은 참 해괴한 논리로 그 유효성을 인정하였다.

중간생략등기는 대항요건주의를 취한 구민법하에서 일본에서의 부동산물권변동의 관행으로서 우리나라에서 이를 그대로 받아들이고 그 유효성을 일본에서와 동일하게 인정하였다. 구민법하에서 부동산을 매매하고 소유권을 이전해 주는 방법은, 먼저 매도인과 매수인이 매매계약을 체결한 다음에 매수인이 매매대금의 잔대금을 매도인에게 지급하면 그 때에 매도인은 매수인에게, 賣渡證書를 작성하여 교부하였다. 매수인은 그 매도증서를 가지고 단독으로 자기명의로 소유권이전등기를 하였다. 이러한 매도증서의 사용은 일본에서도 관행으로 이용된 것이며 법적인 근거를 가진 것은 아니었다. 그것을 그대로 우리나라에서도 이용을 하고 법적효력을 부여하였다. 또한 매도증서는 매도인이 작성하여 매수인에게 교부하는 증서로서 매도인이 서명날인하고 매수인은 서명날인을 하지 아니하였다. 소위 백지매도증서가 일반적으로 사용되었다. 즉, 매도인의 매도증서에서는 매수인을 기재하지 아니하고 작성하여 이를 매수인에게 교부함으로써 매수인은 자신의 명의를 그 수령한 그 매도증서에 보충하여 매수인 단독으로 등기를 신청할 수 있지만, 매수인은 자기 명의로 이전등기를 하지 아니하고 바로 轉賣한 다음에 자기가 매도인으로부터 받은 매수인을 백지로 한 매도증서를 전득자에게 교부하면 그 전득자가 자기의 명의를 그 매도증서에 기재하여 매도인에게서 전득자 명의로 곧바로 소유권을 이전하는 등기신청을 할 수 있었다. 그리하여 중간자인 매수인 명의로의 등기를 생략할 수 있었다. 이러한 방법의 등기가 바로 중간생략등기로서 중간자는 한 사람일 수 있고 數人일 수도 있다.

이러한 중간생략등기는 부동산투기의 방법으로 이용되었으며 명의신탁과 결합하여 중간생략명의신탁이 널리 부동산투기의 방법으로 활용되었다. 그리하여 합법적으로 투기가 가능하였다. 이렇게 사회적 해악을 가져오는 중간생략등기의 유효성에 관하여 대법원은 소위 제한적 유효설을 취하여 중간자의 등기를 생략하는데 중간자가 동의를 하였으면 그 중간생략등기는 유효하다고 판결하였다. 그 때에 동의는 최초양도인, 중간자, 매수인(즉, 전득자) 간의 3면계약에 의할 수도 있고, 최초양도인과 중간자가가 합의를 하고, 그 다음에 중간자와 매수인간에 합의를 하는 순차적인 합의도 가능하다고 하였다.[17] 대법원 판례는 더 나아가 어떠한 이유에서든지 중간자의 등기를 생략하고 최초양도인에게서 전득자에게로 직접 이전등기가 이루어진 경우에, 이미 이루어진 매수인명의의 등기를 말소하는데 중간자에게 정당한 이유가 없으면 이미 經了된 중간생략등기의 말소를 청구할 수 없다고 판결[18]함으로써, 사실상에 있어서는 중간생략

17) 대판 1969. 1. 28. 67다1974.

18) 대판 2005. 9. 29. 2003다40651; 대판 1980. 2. 12. 79다2104; 대판 1979. 12. 11. 79다1777.

등기에 대하여 전면적으로 유효함을 인정하였다.

학설도 중간생략등기의 판례의 중간생략등기의 유효성을 인정하는 법리구성을 하여 판례를 뒷받침하였다. 더 나아가서 등기청구권의 원인을 물권적기대권으로 파악하는 견해는 더 나아가서 매수인의 매도인에 대한 적극적 중간생략등기이행청구권까지 인정하였다.[19] 판례는 3자간에 중간생략등기의 합의가 있으면 전득자가 최초양도인에게 직접적으로 중간자의 등기를 생략하고서 매도인에게서 매수인 자신명의로 이전등기를 청구할 수 있다고 판결하고 있다.[20]

저자는 중간생략등기의 유효성 인정에 근본적으로 반대하였다. 중간생략등기는 부동산 물권변동에 관하여 성립요건주의를 취하는 민법 제186조의 대원칙에 반하는 등기로서 절대적으로 무효라는 견해를 유지하고 있다. 생각해 보면, 중간생략등기는 판례가 그 유효성을 인정한 등기방식이며, 중간생략등기를 가능케한 매도증서도 역시 판례에 의하여 그 이용의 적법성이 인정된 제도였지, 법률에 의하여 그 사용이 허용된 제도가 아님에도 불구하고 그 유효성을 부동산물권변동의 대원칙이 바뀌었음에도 불구하고 그대로 용인하였다. 학설은 더욱더 비판받아야 마땅하였다.

이렇게 중간생략등기가 실정법의 근거도 없이 합법적인 토지투기의 방법으로 이용되고 판례에 의하여 그 유효성이 너무 넓게 인정되고 있었기 때문에 부동산투기의 방지를 위해서는 중간생략등기의 이용을 제한할 필요가 있었다. 그리하여 정부에서는 먼저 소유권이전등기신청시에 매도증서와 함께 등기신청서류로 제출하도록 한 매도인의 인감증명의 효력기간을 제한하는 입법을 하였다. 본래 인감증명의 유효기간에는 제한이 없었다. 그러므로 매도인으로부터 매도

19) 김증한, 물권법, 개정판(박영사, 1983), 89면.

20) 대판 1997. 3. 14. 96다22464; 대판 1994. 5. 24. 93다47738; 대판 1991. 2. 26. 90다카11278.

증서와 인감증명을 교부받은 후 무기한 동안 자기명의로 등기하지 않은 채 취득한 부동산을 얼마든지 전매할 수 있었다. 인감증명의 유효기간을 제한하면 그 인간증명의 유효기간 동안에만 자기명의로 등기하지 아니한 채 전매할 수 있게 된다고 생각하여 인감증명의 유효기간을 단축하였던 것이었다. 그리하여 1978년에는 인감증명법시행령 제13조 제4항에서 인감증명의 유효기간을 3개월로 하였다. 그 후, 1979년 동규정을 개정하여 인감증명의 유효기간을 1개월로 단축하였다. 그러나 매도인은 몇 번이고 인감증명을 발급하여 교부할 수 있었기 때문에 인감증명의 유효기간의 제한으로는 부동산투기를 억제할 수 없었다.

한편으로 1978년의 부동산등기법에서는 중간생략등기의 방법을 위하여 사용되었던 매도증서의 사용을 폐지할 것을 규정하였다. 그러나 구체적인 폐지의 시기는 대통령령으로 정하는 날로 하도록 규정하였다(동법 부칙 제1호 단서). 매도증서의 등기원인서면으로서의 사용폐지는 1988년 부동산등기법의 개정에 의하여 검인계약서를 등기원인서면으로 제출하도록 하는 방법을 규정함으로써 폐지되었다.

그리하여 더욱 강하게 중간생략등기를 할 수 없도록 하는 조치를 취하였다. 그것이 바로 1988년의 부동산의 매매계약 및 교환계약을 檢認을 받은 계약서로 할 것을 규정한 1978년에 입법이 되었던 매매계약서와 교환계약서 檢認制度의 시행이었다. 이러한 검인계약서의 사용으로 매도증서를 등기원인서면으로 제출하였던 관행을 폐지하고, 검인계약서가 매도증서를 代替하게 되었다. 그리하여 매도증서는 더 이상 등기원인서면으로 사용되지 않게 되었다.

1990년에는 檢認契約書制度가 檢印契約書制度로 바뀌게 되고, 檢印契約書의 사용을 매매계약과 교환계약에 한하지 아니하고, 부동산의 소유권이전을 목적으로 하는 계약으로 확대하였다. 그것이 바로 부동산등기특별조치법을 제정하여 등기신청의무주의의 입법이었다.

동법의 등기신청의무주의는 당사자간에 부동산의 소유권이전을 목적으로 하는 계약을 체결하였을 때에, 그 계약이 무상계약인 경우에는 그 계약의 효력발생일로부터 60일 이내에, 그 계약이 유상계약인 경우에는 반대급부를 완급한 때로부터 60일 이내에 소유권이전등기신청의무를 거래당사자에게 부과하고(동법률 제2조), 그 부동산소유권이전등기신청의무 기간 내에 등기신청을 하지 아니하였을 때에는 형벌과 과태료의 제재를 가할 수 있도록 하였다(동법률 제8조 제1항, 제11조). 그리고 등기신청을 함에는 거래계약서에 행정청의 검인을 받은 서면인 檢印契約書를 등기신청원인서면으로 제출하도록 하였다. 그러므로 동법률에서는 매도인과 매수인 사이에 매매계약이 체결되고 60일 내에 등기를 신청하도록 의무화하면 중간생략등기가 근절될 것으로 판단하였던 것이었다. 그러나 이러한 등기신청의무주의는 소유권이전계약의 체결일을 실제보다는 늦은 날짜로 하는 방법으로 계약서를 작성하는 경우에는 아무런 실효성이 없었다.

이렇게 정부는 법률로써 중간생략등기를 없애려고 하였으나 대법원 판례는 여전히 지금도 종래의 중간생략등기의 유효성을 그대로 유지하고 있다. 그리고 부동산등기특별조치법에서 중간생략등기를 한 자를 처벌할 수 있고 과태료를 부과할 수 있는 규정을 모두 단순한 단속규정으로 판결하여[21] 법률에서 중간생략등기의 유효성을 부인하려는 노력을 물거품으로 만들었다.

그리고 검인계약서 제도도 더 이상 등기원인서면으로 이용되지 못하고 있다. 정부는 2004년에 주택거래신고제도를 입법을 하여 주택거래신고지역내에서의 부동산거래는 관할행정청에 신고를 하고 신고필증을 교부받으면 그 신고필증은 검인계약서를 갈음하는 것으로 규정하여 주택거래신고지역내에서의 주택거래는 신고를 하게 하고 신고필증을 받으면 검인을 받은 것으로 의제하였다(주택법 제80조

21) 대판 1997. 3. 14. 96다22464.

의2 제3항 및 제4항). 그리고 2005년에는 공인중개사의 업무 및 부동산 거래신고에 관한 법률에서 주택거래신고지역이 아닌 지역에서의 부동산거래는 관할 행정청에 신고하도록 하고 신고필증을 교부받으면 검인을 받은 것으로 의제하여(동법률 제27조 제3항 및 제4항) 유상계약에 의한 부동산소유권이전등기의 신청을 하는 경우에는 계약서의 검인을 요하지 아니하고 신고필증으로 등기원인서면으로 삼도록 하였다. 그리하여 무상계약에 의한 부동산소유권이전등기를 신청할 때에는 부동산등기특별조치법에 의한 계약서에 검인을 받도록 하지만 유상계약의 경우에는 거래신고를 하고 신고필증의 교부를 받으면 검인을 받은 것으로 의제하여 더 이상 검인계약서를 이용되지 않게 되었다.

그리고 2014년에는 부동산 거래신고에 관한 법률(부동산거래신고법으로 약칭)을 제정하여 주택법상의 주택거래신고제도와 공인중개사의 업무 및 부동산거래에 관한 법률에 의한 거래신고를 통합하여 하나의 제도로 부동산거래신고제를 입법하고 신고를 하며 신고필증을 교부받으면 검인을 받은 것으로 의제하도록 하였다(동법 제3조 제3항 및 제4항). 다시 2016년에는 부동산거래신고 등에 관한 법률을 제정하여 부동산매매계약으로 인한 소유권이전등기 신청을 하기 위해서는 먼저 관할 행정청에 거래신고를 하고 신고필증을 교부받아 이를 등기소에 제출하도록 하고, 신고필증을 검인에 갈음하도록 하였다(동법 제3조 제1항 및 제5항).

이와 같이 중간생략등기는 명의신탁과 마찬가지로 판례에 의하여 그 유효성이 널리 인정되어 왔으며, 그것이 부동산투기의 방법으로 널리 이용됨으로써 이를 규제하기 위하여 계속적으로 법률을 제정하여 규제를 하였다. 그러나 판례는 중간생략등기의 유효성을 그대로 유지하여 오늘에 이르고 있다. 명의신탁은 그 효력을 무효로 하는 규정을 두었지만 중간생략등기는 이러한 규정을 두지 아니하였다. 어느 제도이든 법률에서는 규제를 하고자 하였고 판례는 양 제도를 회피하는 행위에 대한 유효성 인정의 판례를 그대로 유지하고 있다.

명의신탁과 중간생략등기의 사회적인 문제는 근본적으로 부동산거래서면을 공정증서로 작성하게 하고, 그 공정증서로 작성된 부동산거래서면을 등기원인서면으로 하도록 하면, 국민의 일상의 생활속에서 정상적인 부동산거래를 하게 하여 근원적으로 해결할 수 있다고 판단된다. 그러나 우리나라에서는 이러한 근본적인 해결방법과 국민들의 생활속에서 정상적인 부동산거래활동을 하도록 하는 근원적인 방법을 강구하지 아니하고, 언제나 공법적 규제의 방법만을 활용하고 있다.

(3) 토지거래허가제에 관한 법률과 동법에 대한 헌법재판소의 합헌결정과 대법원 판결에 의한 流動的 無效의 인정

토지투기를 억제하기 위한 강력한 공법적인 규제수단이 바로 토지거래허가제이다. 토지거래허가제는 1978년에 국토이용관리법에서 처음으로 입법이 되었다. 동법 제21조의 2와 제21조의 3에서는 정부가 5년 이내의 기간을 정하여 토지거래규제구역을 지정하게 되면, 그 규제구역내의 일정면적 이상의 소유권 이전, 지상권 기타 토지의 사용·수익을 목적으로 하는 토지거래에 대해서는 관할행정청으로부터 허가를 받도록 하였으며, 동법 제21조의 3 제7항에서는 허가를 받지 아니하고 체결한 토지 등의 거래계약은 그 효력을 발생하지 아니한다고 규정하여, 허가를 받은 다음에 거래계약을 체결하도록 하였다.

토지거래허가제는 강력한 토지거래에 대한 규제제도로서 당연히 위헌여부가 문제가 되었다. 헌법재판소는 토지거래허가제를 규정한

동법의 규정을 재산권을 본질적으로 침해하지는 않는다는 것을 이유로 합헌결정을 하였다.[22)]

토지거래허가제를 규정하면서 국토이용관리법 제21조의 3 제7항에서는 규제구역내의 허가대상의 토지거래를 하고자 할 때에는 먼저 거래허가를 받고 그 다음에 당사자 간에 거래계약을 체결하도록 규정하여, 事物의 理致상 모순적인 규정이다. 허가의 대상이 아무 것도 없는데도 불구하고 허가를 받으라고 하는 것은 이치에 맞지 아니한다. 계약을 체결하고 그 다음에 허가를 받으라고 규정하여야 이치에 맞다. 그리하여 허가대상의 법률행위가 무엇이냐에 관하여 논란이 일어나게 되었다.

일부의 견해는 계약준비행위가 허가대상이라는 극히 법실증주의적인 주장을 하기도 하였다. 그러나 그렇지 않다. 법률에서 모순적으로 규정을 하였다 하더라도 해석을 사물의 이치에 맞게 해석하여야 한다. 그리하여 계약을 체결하고 그 다음에 허가신청을 하여야 한다고 해석하여야 한다.

그리하여 대법원은 판결로서 허가의 대상은 거래계약이며, 그 허가대상인 거래계약의 효력은 행정청으로부터 허가 또는 불허가 처분이 있기까지는 유동적으로 무효라는 소위 유동적 무효(schwebende Unwirksamkeit)의 법리를 채택하였다.[23)] 그리하여 토지거래허가구역내의 허가대상토지에 대한 거래계약을 체결하였다 하더라도 그 계약은 유동적으로 무효로서 법적으로는 아무런 효과가 발생하지 아니하지만, 허가처분을 받게 되면 계약체결시에 소급해서 확정적으로 유효하며, 불허가처분을 받게 되면 거래계약을 체결한 때에 소급하여 확정적으로 무효가 된다는 것이다. 그리고 거래계약을 체결하면 당사자간에 아무런 법적효과가 발생하지 아니하여 매수인은 계약금

22) 헌재 결정 1989. 12. 22. 88헌가13.
23) 대판(전원합의체) 1991. 12. 24. 90다12243.

지급의무도 지지 아니하지만, 신의성실의 원칙에 기하여 당사자는 상대방에 대하여 허가신청협력의무이행청구권을 갖는다고 하였다. 그리하여 입법의 어색함을 대법원이 판결로써 이치에 부합되게 수정하게 되었다. 이렇게 대법원이 판결로써 국토이용관리법에서의 토지거래허가규정의 입법상의 문제점을 수정하여 주었으나, 지금까지도 모순적인 동규정을 그대로 유지하면서 허가제를 시행하고 있다. 지금도 국토의 계획 및 이용에 관한 법률 제118조 제6항에서는 국토이용관리법에서의 규정과 동일하게 허가를 받지 아니하고 체결한 토지거래계약은 그 효력이 발생하지 아니한다고 규정하고 있다.

토지거래허가제는 처음에는 거래가격이 주된 허가대상이었으나, 점차 매수인의 당해 토지의 취득의 용도가 주된 허가의 대상으로 바뀌어 오늘에 이르고 있다. 허가대상구역도 축소되고 있으나 그래도 허가제는 입법이 이치에 맞지 아니하지만 여전히 유동적 무효의 법리에 따라서 운용되면서 유지되고 있다.

2. 개발이익환수제도의 입법과 동법을 무력화시킨 헌재 결정 및 대법원 판례

(1) 토지초과이득세법의 제정과 헌법불합치 결정

부동산투기는 토지투기로부터 시작해서 주택투기로 확산되었다. 부동산투기는 사회악으로서 拔本塞源해야할 과제였다. 토지투기가 극심하여 1978년에는 소위 8.8조치라는 것을 발표하여 토지투기억제책을 발표하고 그 조치를 법률로 구체화해 나갈 것을 발표하였다. 그러나 토지투기대책을 발표하고 관련법을 규정하고 제정하였지만 부동산투기는 확산되어만 갔다. 1988년에는 다시 정부가 소위 8.10

조치를 발표하여 더욱 강력한 부동산투기억제책을 발표하였다.

이러한 제2차의 부동산투기억제책의 가장 주요한 내용은, 부동산투기는 부동산을 취득만 하고 개발하지 않고서 부동산가격의 상승만을 노리는 토지소유자에 대하여 자기의 노력에 의하지 아니하고 값이 오른 不勞所得인 개발이익을 사회로 환수함으로서 투기를 억제하고자 하는 방향으로 나아갔다. 개발이익은 토지소유자에게는 橫財(windfalls)이다. 또한 개발이익은 토지소유자의 투자에 의하지 아니하고 소유하고 있는 토지가가 상승한 것으로서, 소유자의 노동에 의하지 아니하고 발생한 불로소득이기 때문에, 소유자에 귀속할 성질의 지가가 아니라 사회발전에 의하여 발생한 것이므로 사회로 환수하여 사회구성원 모두의 이익을 위하여 사용되어야 할 성질의 지가상승분이다. 그리하여 제2차의 토지투기억제책의 방향은 토지소유자에게는 불로소득인 개발이익의 환수에 집중되었다. 이러한 개발이익의 환수를 위한 토지법에서의 이념으로 토지공개념이 주장된 것이었다.

개발이익환수를 위한 가장 핵심적이 법률은 바로 1989년에 제정된 토지초과이득세법이었다. 동법의 내용은, 지가상승만을 노리고서 유휴지를 보유하고 있는 토지소유자에 대해서 3년을 과세기간으로 하여 과세기간 동안에 발생한 지가상승분에 대해 50%의 단일세율로 토지초과이득세를 부과하여 개발이익을 환수하고자한 법률이었다. 토지초과이득세법이 환수의 대상으로 한 개발이익은 특정의 토지에 발생은 하였으나(accrued) 실현이 되지 않은(unrealized) 발생된 개발이익의 환수제도이었다. 동법이 발생된 개발이익을 환수하기 위한 제도이기는 하나 토지초과이득세를 피하기 위하여 토지소유자에 의해 유휴지의 난개발이 일어나는 부작용도 있을 수 있는 법률이었다.

그러나 동법률에 대하여 헌법재판소는 1994년에 동법률 전체에 대하여 헌법불합치 결정[24]을 하여 동법률의 실행을 정지시키고 말았다. 법률의 특정규정에 대한 헌법불합치결정을 함에 있어서 법률 전체에 대하여 헌법불합치결정을 할 수 있다는 헌법재판소법 제45조 단서의 규정에 의하여, 헌법재판소는 토지초과이득세법 전부에 대해 헌법불합치 결정을 하였다. 그것의 가장 중요한 이유는, 지가는 상승하기도 하고 하락하기도 하는 것인데, 과세기간동안의 지가상승이 있었다고 하여 고율의 토지초과이득세를 부과하면 토지소유자의 당해 토지자본의 원본을 잠식하는 것이 되고, 그것은 헌법상의 재산권보호의 원칙에 반한다고 하여 동법 전부에 대해 헌법불합치 결정을 하였다.

이와 같은 토지초과이득세법에 대한 헌법재판소의 헌법불합치 결정이 있고나서 정부는 1998년에 동법을 폐지하고 말았다. 물론 토지초과이득세법은 사유재산권 보호의 대원칙에 비추어 문제점이 없었던 것은 아니었다. 그러나 오죽하였으면 그러한 무리한 법률을 제정하였어라도 토지투기를 막으려고 했던가를 되돌아 볼 필요가 있다. 동법률은 결국 헌법재판소의 헌법불합치결정으로 단명으로 그치고 말았다.

(2) 택지소유상한에 관한 법률의 제정과 위헌결정

정부는 1989년 택지소유상한에 관한 법률을 제정하여 도시지역의 택지에 한하여 1가구당 소유할 수 있는 택지소유상한을 200평으로 하는 법률을 제정하였다(동법 제3조 및 제7조). 소유상한을 초과하여 소유하고 있는 택지는 처분하도록 하였다(동법 제16조). 그리고 소유상한을 초과하여 택지를 신규로 취득하고자 하는 자는 관할 행정청으로부터 택지취득허가를 받도록 하였다(동법 제10조). 이는 나대지를 지가상승을 노리고 과대하게 취득하여 개발이익을 취하고자 하

24) 헌재 결정 1994. 7. 29. 92헌바49, 52.

였기 때문에 이를 억제하기 위한 아주 강력한 조치였다.

그러나 동법은 1998년에 외환위기를 극복하기 위한 조치의 하나로 폐지되었다. 그리고 폐지된 택지소유상한에 관한 법률은 헌법재판소에 의하여 전부 위헌결정을 받았다.[25] 그 이유는 택지의 소유상한을 200평으로 정한 것은 과잉금지 원칙에 어긋나며, 택지소유상한에 관한 법률의 시행 이전부터 택지를 소유하고 있는 사람에게도 일률적으로 택지소유상한제를 적용하는 것은 신뢰이익을 해하는 것이며, 소유기간의 제한없이 고율의 부담금을 계속적으로 부과하는 것은 재산권에 내재하는 사회적 제약의 허용되는 범위를 넘는다는 것이었다.

택지소유상한에 관한 법률은 토지투기억제의 한 수단으로 제정은 되었으나 무리가 있는 법률이었다. 그러나 동법의 제정에 비추어 보면, 당시의 토지투기가 얼마나 극심하여 사회문제가 되었던 것인가를 짐작해 볼 수 있다.

3. 개발이익환수에 관한 법률의 제정과 동법의 적용범위의 축소 및 위헌결정들

개발이익환수를 위한 법적 조치는 특정토지에 대해서만 취해진 것이 아니라 전방위적으로 취해졌다. 그것이 바로 개발이익환수에 관한 법률의 제정·시행이었다. 개발이익환수에 관한 법률은 1989년에 제정되어 1990년부터 시행되었다.

동법률의 제정목적은 토지로부터 발생되는 개발이익을 환수하고 이를 적정하게 배분함으로써 토지투기를 방지하고자 함에 있다고 동법률에서 명백히 규정하였다(동법 제1조). 그리고 동법률은 토지의

25) 헌재 결정(전원재판부) 1999. 4. 29. 94헌바37 외 66건(병합).

개발사업자에게 개발이익의 50%를 개발부담금으로 부과·징수하도록 하였다(동법 제4조). 개발이익은 개발부담금의 부과시점의 당해 토지의 가액에서 개발허가를 받은 때의 당해 토지의 가액을 공제한 나머지 액으로 하고, 그 개발이익의 50%를 일률적으로 개발부담금을 부과하여 이를 개발이익으로 환수하고자 하는 것이었다(동법 제8조, 제13조).

그러나 동법에 의한 개발부담금의 부과도 시행과정에서 대상개발사업의 축소, 부담률의 하향 조정 등의 우여곡절을 겪어 오늘에 이르고 있다. 현재 개발부담금의 부과율은 차등적으로 토지개발사업의 유형에 따라서 20%와 25%가 적용된다[26](현행 개발이익환수법 제13조).

그리고 헌법재판소는 개발이익환수에 관한 법률의 위헌여부에 관하여, 동법에서 대통령령에 위임한 규정들이 위임입법의 한계인 위임입법의 구체성과 명확성에 반하여 위헌이라는 결정이 내렸다.[27] 그러나 동법에 대한 위헌제청에 대하여 대부분의 사건에서는 합헌으로 결정을 하였다.

개발이익환수를 위한 강력한 법률이었던 토지초과이득세법과 택지소유상한에 관한 법률이 폐지된 오늘에 있어서는 개발이익환수에 관한 법률과 종합부동산세제를 규정하고 있는 종합부동산세법이 개발이익환수를 위한 중요한 법률이다. 따라서 개발부담금제도와 종합부동산세제가 개발이익환수를 위한 제도로 활용되고 있다. 그러나 두 제도 마저 대상의 축소 및 부담률과 세율의 인하로 그 실효성에 의문이 제기되고 있다.

26) 2018년 6월 30일까지 인가 등을 받은 개발사업에 대해서, 수도권에서 시행하는 개발사업에 대해서는 개발부담금의 100분의 50을 경감하고, 수도권 이외의 지역에서 시행하는 개발사업에 대하여는 개발부담금을 면제하도록 개발부담금 감면에 관한 임시특례를 인정하고 있다(동법 제7조의 2).

27) 개발이익환수에 관한 법률 제10조 제3항 단서 위헌소원에 대한 위헌 결정, 즉 헌재결정(전원재판부) 1998. 6. 25. 95헌바35, 97헌바81, 98헌바5·10(병합).

4. 종합부동산세법의 제정과 동법의 적용범위의 축소 및 위헌결정

개발이익환수를 위한 제도로서 개발부담금과 함께 종합부동산세제가 시행되고 있다. 그 근거법률은 2005년에 제정된 종합부동산세법이다. 종합부동산세는 주택종합부동산세와 토지종합부동산세로 나누어지며(동법 제5조), 시행 당시에 주택종합부동산세는 납세의무자 소유의 주택에 대한 지방세과세표준액의 합계액이 4,500만원을 초과하는 금액을 과표로 하여, 과세표준액의 금액에 따라서 1000분의 10 내지 1000분의 30의 누진세율을 적용하여 산정하여 부과하도록 하였다[28](동법 제8조 및 제9조). 토지에 대한 토지종합부동산세는 납세의무자의 토지분재산세부과를 위한 과세표준액의 합계액에서 다시 3억원을 공제한 금액을 과세표준액으로 하여 그 가액에 따라서 1000분의 10 내지 1000분의 40의 누진세율를 적용하여 산정한 금액을 부과·징수하도록 하였다.[29]

그러므로 종합부동산세는 주택과 토지에 대한 재산세가 부과된 후에 다시 납세의무자의 주택 및 토지의 재산세과세표준액이 동법이 정하는 한도액을 초과하는 경우에 그 초과분에 다시 법정의 공제액을 공제한 다음에 법정의 누진세율을 적용하여 부과·징수하도록

28) 구체적인 주택종합부동산세액의 산정은, 과표가 6억원 이하 1천분의 5, 6억원 초과 12억원이하 300만원+6억원을 초과하는 금액의 1천분의 7.5, 12억원 초과 50억원 이하 750만원+12억원을 초과하는 금액의 1천분의 10, 50억원 초과 94억원 이하 4천550만원+50억원을 초과하는 금액의 1천분의 15, 95억원 초과 1억 1천150만원+94억원을 초과하는 금액의 1천분의 20의 세율을 적용하도록 한다(동법 제9조 제1항).

29) 토지의 종합부동산세액의 산정은, 과세표준액이 15억원 이하 1천분의 7.5, 15억원 초과 45억원 이하 1천125만원+15억원을 초과하는 금액의 1천분의 15, 45억원 초과 5천625만원+45억원을 초과하는 금액의 1천분의 20의 세율을 적용하도록 한다(동법 제14조 제1항).

되어 있다. 따라서 종합부동산세는 법정의 초과액에 대해 재산세를 다시 부과·징수하는 결과가 된다. 그리고 종합부동산세는 법정의 방법에 따라서 계산된 금액에서 다시 주택종합부동산세는 199만원을, 토지종합부동산세는 125만원의 금액을 稅額으로 공제하도록 하였다(동법 제9조 및 제14조 제1항).

그러나 그 동안에 동법은 여러 차례 개정되어 종합부동산세의 부과대상이 크게 축소되었다. 그리하여 지금은 종합부동산세는, 주택종합부동산세는 과세표준이 한 채만 소유한 경우에는 3억원을 초과한 때에, 여러 채의 주택을 소유한 때에는 6억원을 초과하는 경우에, 토지종합부동산세는 과세표준이 5억원을 초과하는 금액으로 하고 다시 일정한 공재액을 합산한 금액을 초과하는 금액의 토지에 대해서만 부과징수하도록 크게 완화되었다[30](현행 동법 제13조 제1항). 그리고 세율도 완화되어, 주택종합부동산세는 1000분의 5 내지 1000분의 20의 누진세율을 적용하며(동법 제9조 제1항), 토지종합부동산세는 1000분이 7.5 내지 1000분의 20의 누진세율을 적용하여 산정하도록 하였다(동법 제14조 제1항).

이와 같은 종합부동산제에 관하여 헌법재판소는, 종합부동산세법에서 부부간에 있어서 종합부동산세를 人別이 아니라 부부합산과세를 규정하여 이 규정은 위헌이며, 주택 이외에 별다른 재산이나 수입이 없어 조세지불능력이 낮거나 사실상 거의 없는 자에 대한 주택종합부동산세를 부과함에 있어서는 그 보유의 동기나 기간, 조세 지불능력 등과 같이 정책적 과세의 필요성 및 주거생활에 영향을 미치는 정황 등을 고려하여 납세의무자의 예외를 두거나 과세표준 또는 세율을 조정하여 납세의무를 감면하는 등의 과세 예외조항이나 조정장치를 두어야 할 것임에도 주택 보유의 정황을 고려하지 아니한

30) 그리하여 최종적으로는 종합부동산세는 공시가격이 6억원을 초과하는 주택이나 공시지가 5억원을 초과하는 토지소유자에 대해서 토지종합부동산세가 부과된다.

채 다른 일반 주택 보유자와 동일하게 취급하여 일률적 또는 무차별적으로 부과하도록 한 것은 입법 목적의 달성에 필요한 정책수단의 범위를 넘어 과도하게 주택 보유자의 재산권을 제한하는 것으로서 피해의 최소성 및 법익 균형성의 원칙에 어긋나므로 이 범위에서는 제한적으로 헌법에 합치하지 아니하다는 헌법불합치 결정을 하였다.[31)]

이와 같이 개발이익을 환수하기 위한 종합부동산세제는 그 대상범위가 축소되어 왔으며, 헌법불합치 결정을 받아서 그 효력범위가 크게 축소되었다. 개발이익의 환수제도는 정치적으로 쉽게 쟁점화될 수 있는 제도이며, 따라서 개발이익환수에 관련된 법률은 항상 정치적인 쟁점이 되어 무력화되며, 헌법재판소가 그러한 시류에 편승해 부동산을 가진 사람들에게 유리하게 위헌 또는 헌법불합치 결정을 한 바가 적지 않다고 평가된다. 그러나 자연법론의 입장에서 불로소득을 환수하여 이를 사회로 환원하는 일에 있어서 어느 것이 사회적 정의에 부합하고, 또한 이웃사랑의 길인가를 항상 고려하며 결정을 하였어야할 일이라고 생각한다.

Ⅲ. 사업소득세, 금융소득종합과세 및 종합부동산세의 부부합산 금지의 헌법재판소 결정과 이혼시 재산분할청구권 인정의 대법원 판결에 대한 비판

우리 민법은 부부재산에 관하여 부부별산제를 취하고 있다(민법 제830조). 그리고 부동산실명법에서는 부부간의 명의신탁을 허용하고 있다(동법 제8조 2호). 또한 금융소득종합과세, 사업소득세, 종합부

31) 헌재 결정 2008. 11. 13. 2006헌바112, 2007헌바71·88·94, 2008헌바3·62, 2008헌가12(병합)

동산세는 부부간에 합산하여 과세하도록 관련법에서 규정하였으나, 전부 부부별산제를 이유로 위헌결정을 받았다.[32] 그러므로 同稅들도 모두 부부간에 별도로 부과·징수한다. 따라서 부부간의 명의신탁이 허용되므로 개발이익환수세제들은 제대로 기능할 수 없다. 이는 결국 부부가 각각 별도로 개발이익환수의 관련세를 각각 별도로 부과·납부하므로 사회로 환수되어야할 개발이익이 형식적으로는 私人인 부부 각자에게로 귀속하지만 실질적으로 그 사용은 부부가 함께 하는 모순이 발생한다. 그것은 법률과 헌법재판소의 결정에 의하여 합법적으로 이루어지고 있다.

또 한편으로 민법은 부부간의 이혼시에는 재산분할청구권를 인정함으로써(민법 제839조의2, 제843조), 그 재산분할청구권의 행사에 의하여 부부재산이 부부간에 혼인생활을 할 때에는 부부 각각의 단독소유이었으나, 이혼을 하면 사실상에 있어서 부부재산이 공유의 부부재산이었던 것으로 바뀌게 되는 결과에 이른다. 부부재산이 사실상으로는 부부공유재산인데도 혼인생활이 계속되는 중에는 개발이익환수에 있어서는 부부별산으로 인정하여 개발이익환수를 회피하게 하고, 이혼을 하면 다시 재산분할청구권에 의하여 사실상의 부부공유재산이었음을 인정하면서도 개발이익환수를 회피할 수 있도록 하고 있다. 그러므로 결국 부부가 소유하는 토지는 혼인 중에는 헌법재판소의 결정에 의하여 개발이익환수를 피할 수 있고, 이혼을 하면 재산분할청구권의 행사에 의하여 또 개발이익환수를 피할 수 있도록 운용하고 있다.

개발이익의 환수를 위해서 부부재산은 합산과세하지 않으면 실효성이 低下된다. 그럼에도 불구하고 헌법재판소는 가능한 한 개발이

32) 부부자산소득 부부합산과세 위헌 결정: 헌재 2005. 5. 26. 2004헌가6; 종합부동산세 부부합산과세 헌법불합치 결정: 헌재 2008. 11. 13. 2006헌바112, 2007헌바71·88·94, 2008헌바3·62, 2008헌가12(병합)

익환수를 부부로부터는 하지 못하도록 결정하고 있다. 이는 지극히 법의 이상인 정의와 이웃사랑의 정신에 반하는 결정이라 아니할 수 없다. 법논리적으로는 헌법재판소의 결정이 맞을지 모르지만, 사물의 이치 내지 가치를 중시하는 자연법론의 견지에서는 너무 형식논리에 치중한 결정이라 아니할 수 없다.

개발이익의 환수제는 사회발전에 의하여 자연히 생성된 불로소득인 개발이익을 사회로 환수하여 이를 사회구성원 모두의 유익을 위해서 다시 사회로 환원되어야할 소득이다. 우리 헌법재판소는 가능한 한 이러한 개발이익을 토지소유자가 보유하도록 하는 결정을 하고 있다고 평가된다. 이는 법을 통한 이웃사랑의 실천사상에 反하는 결정이라 아니할 수 없다. 물론 불로소득을 사유화하도록 하는 것은 정의, 그 중에서도 교정적 정의(iustitia correctiva; Korrekturgerechtigkeit; corrective justice)의 대원칙에 반한다.

생각건대 종합부동산세의 부부합산으로 혼인생활에 부담이 된다면 세율을 인하하는 방법으로 부담을 완화하여 줌이 바람직한 조세정책의 방향이라 생각한다. 부부의 소유부동산을 합산하면 종합부동산과세의 대상이 되지만, 별산하면 종합부동산과세대상이 되지 아니하면 부부간의 명의신탁이 합법적으로 허용되는 현행 법제하에서는 가능한 한 부부간에 명의신탁을 하도록 조장하는 결과를 낳게 된다. 법은 국민들로 하여금 진실하게 삶을 살 수 있도록 규율하여야 한다. 가능한 한 법에 어긋나고, 예외조항을 찾아서 이를 활용하도록 법을 운용하는 것은 법의 올바른 법정책이 아니다. 법을 통하여 국민들이 진실하게 살도록 하여야 한다. 부담이 크다면 부담을 줄일 것이지, 변칙적으로 법을 운용하여서는 아니된다. 법의 운용에 있어서는 있는 그대로의 현재의 법에만 매여 있을 것이 아니라, 법을 더 나은 방향으로 그리고 더 좋은 방향으로, 이치에 맞는 방향으로 수정해 나감이 법을 통한 國格의 향상에 도움이 될 것임은 자명하다.

법을 논리만으로 다룰 것이 아니라 이치에 맞게 운용해 나가야 하며, 국민들로 하여금 이치와 사리에 맞는 삶을 살도록 인도해 나가야 한다고 생각한다. 그러므로 법은 자연법으로 발전해 나가야 하고, 지속적으로 자연법으로 수정해 나가야 한다. 법의 흠결, 예외조항, 단서조항을 찾아 원칙에 어긋난 변칙을 즐겨 사용하도록 하는 법의 제정, 해석, 운영은 이치와 사리에 맞는 법과 법정책의 방향이 아니다.

Ⅳ. 부부간의 명의신탁에 있어서 양도소득세의 과세와 종합부동산세의 비과세간의 不調和의 문제점

부동산실명법에서는 부부간의 명의신탁을 허용하고 있다(동법 제8조 2호). 그리고 1세대 1주택에 대한 양도소득세 비과세를 규정하고 있는 소득세법(동법 제89조 제1항 3호 가목)에서는 부부가 각각 1동씩의 주택을 소유하고 있는 경우에 1세대 1주택 양도소득세비과세를 인정하지 아니하고 부부 어느 쪽이 소유주택을 처분하여도 양도소득세가 부과된다. 그것은 1세대 1주택에 대해서만 양도소득세를 비과세하도록 규정하고 있기 때문에 부부가 각각 자기 명의로 1동씩의 주택을 소유한 경우는 1세대 2주택으로 인정되기 때문이라고 해석하기 때문에 그러한 것으로 생각된다.

그런데 개발이익환수를 위한 제도로서 부동산종합세제가 시행되고 있으며, 그 근거법률은 2005년에 제정된 종합부동산세법이다. 종합부동산세에 관하여 헌법재판소는, 종합부동산세법에서 부부간에 있어서 종합부동산세를 人別이 아니라 부부합산과세를 규정하였던 동법의 규정은 위헌이며, 주택 이외에 별다른 재산이나 수입이 없어 조세지불능력이 낮거나 사실상 거의 없는 자에 대한 주택종합부동산세를 부과함에 있어서는 그 보유의 동기나 기간, 조세지불능력 등과 같이 정책적 과세의 필요성 및 주거생활에 영향을 미치는 정황 등을 고려하여 납세의무자의 예외를 두거나 과세표준 또는 세율을 조정하여 납세의무를 감면하는 등의 과세 예외조항이나 조정장치를 두어야 할 것임에도 주택 보유의 정황을 고려하지 아니한 채 다른 일반 주택 보유자와 동일하게 취급하여 일률적 또는 무차별적으로 부과하도록 한 것은 입법 목적의 달성에 필요한 정책수단의 범위를 넘어 과도하게 주택 보유자의 재산권을 제한하는 것으로서 피해의 최소성 및 법익 균형성의 원칙에 어긋나므로 이 범위에서는 제한적으로 헌법에 합치하지 아니하다는 헌법불합치 결정을 하였다.[33][34]

이러한 헌법재판소의 결정에 따르면, 부부간에 주택의 명의신탁을 하여 부부 각각의 명의로 주택을 각각 1동씩 소유하고 있는 1세대 2주택인 경우에 종합부동세는 부부별산으로 하여 면제받을 가능성이 있고, 양도소득세는 부부별산이 인정되지 아니하여 반드시 납부를 하여야 한다. 그 정당성의 근거가 무엇인가? 부부간의 재산은 부부별산제이다(민법 제830조). 왜 소득세법에 의한 양도소득세의 부과에 있어서는 부부별산제를 인정하지 아니하고, 헌재결정에 따른 종합부동산세의 인정에는 부부별산제뿐만 아니라 부동산실명법에 의하여 부부간의 명의신탁까지 인정하고 있는가? 이러한 입법과 헌재결정을 살펴보면, 양도소득세는 실현된 개발이익(realized development value)에 대해, 종합부동산세는 미실현 개발이익(unrealized development value)에 대해 부과하는 점에서는 차이가 있으나 불로소득인 개발이익을 사회로 환수하고자 하는 목적에 있어서는 동일함에도 불구하고, 부부간에 명의신탁을 하여 1세대 2주택인 경우에 왜 양도소득세는 중과하고, 종합부동산세는 경감하도록 한 근거가 무엇인가? 양도소득

33) 헌재 결정 2008. 11. 13. 2006헌바112, 2007헌바71·88·94, 2008헌바3·62, 2008헌가12(병합).

34) 헌법재판소는 금융종합과세 및 사업소득에서의 부부합산과세 법규정도 위헌으로 결정(헌재결정 2005. 5. 26. 2004헌가6)하였다.

세에 있어서와 마찬가지로 종합부동산세에서도 역시 부부합산을 하지 아니하면 개발이익의 사회환수제도를 제대로 실현할 수 없다는 점은 명백하다. 부부간의 명의신탁을 한 경우에 등기부에 명의신탁임이 전혀 공시되지 아니한 점에 비추어 보면, 부부간의 명의신탁에 의하여 주택이 2동으로 된 경우에 양도소득세와 종합부동산세에 있어서 서로 모순적임을 알 수 있다.

부부별산제의 민법상의 원칙을 고수하려면 양도소득세의 부과도 부부가 별도로 비과세 혜택을 받도록 하여야할 것이며, 개발이익의 사회환수를 통하여 부동산투기를 억제하겠다는 취지를 살릴려면 종합부동산세는 부부합산과세를 하여야 함이 마땅할 것인 아닌가? 저자는 법률도 헌법재판소도 법실증주의에 입각하여 형식논리에 의한 법률제정과 헌법재판소 결정이 이루어졌다고 판단한다.

제 4 장

토지정의의 실현: 토지법의 과제

제 4 장 토지정의의 실현: 토지법의 과제

Ⅰ. 개 설

토지는 인간이 만든 물건이 아니고 인간이 만들 수 없음에도 불구하고 인간은 토지를 통하여 부를 축적하고 권력을 행사하였으며, 더 많은 부의 축적과 더 강한 권력의 행사를 위하여 정의롭지 않은 방법으로 토지를 취득하여 토지를 지배하고 토지지배를 매개로 하여 사람을 지배하여 왔다. 토지는 자연이 인간과 생명있는 모두에게 값없이 주어진 것이다. 그러므로 근본적으로 토지는 이 땅의 생명있는 모두의 것이며, 또한 인간 모두의 것이지, 특정 개인의 것은 아니다. 그러나 현실적으로는 토지에 대한 인간 개인의 지배를 인정하고 이를 법적으로 확실하게 보장하여 현재에 이르고 있다. 오늘날의 자본주의사회는 토지에 대한 개인의 소유권을 천부인권으로 인정함으로서 시작이 된 사회이다. 그리하여 지금도 토지소유권을 천부인권으로 관념하는 근대 자연법 사상에 기초하여 오늘날의 경제와 사회로 발전하여 왔으며, 오늘날은 토지소유권을 천부인권이라고는 하지 아니하지만 기본적으로 토지사상에 있어서는 여전히 그러한 방향으로 진행되어 나가고 있다. 이와 같이 근대초기의 토지소유권을 천부인권으로 이해하고 받아들인 토지사상이 언제 근본적인 변화를 겪게 될지는 알 수가 없다.

근대 자연법 사상가들에 의한 토지소유권의 천부인권으로의 이해와 인정과 법적보장은 자본주의 경제사회의 형성과 발전에 크게 기여하였음은 부인할 수 없다. 그러나 다른 한편으로는 이로 인한 사회적인 부작용도 적지 아니하였다. 천부인권으로서의 자유토지사소유권의 인정과 법적보장으로 인한 사회적, 경제적인 부작용은 계층간의 대립과 양극화 현상이었다. 토지사소유권의 천부인권으로의 인정에 의하여 사회적으로 부는 말할 수 없이 증대되었으나, 그 증대된 부가 자본가, 토지소유자에게 집중되고 토지를 소유하지 못하고 노동을 소유한 근로자들은 자본가, 토지소유자들에게 예속되는 부작용이 발생한 것이었다. 그것은 자본주의경제가 발전하면 할수록 더욱더 심화되어 왔다. 자본주의 경제가 고도로 발전한 오늘날도 마찬가지이다. 그것이 바로 오늘날 소위 양극화라는 이름의 사회적 내지 전 세계적인 부작용 현상이다.

그러면 자본주의 경제사회에서는 왜 이러한 양극화의 현상이 발생하는 것인가? 그것은 노동자들의 노동과 사회발전에 따른 이득을 모두 자본가와 생산수단인 토지소유자에게 귀속하게 하는 자본주의 토지소유제도 그 자체에 기인하고 있으며, 그러한 토지소유권을 법적으로 고착화하여 시행에 왔기 때문이다. 자본주의 경제사회는 자본가가 주도세력이 되어 경제가 운용되는 사회이다. 그러므로 자연히 자본가, 토지소유자에게 가장 유익한 방법과 방향으로 자본주의 경제구조와 자본주의 토지소유권법이 형성되고 고착되어 온 것이다. 그리고 또 하나는 자본가, 토지소유자에게 가장 유익한 내용의 경제법과 토지소유권법의 고착은 또다시 자본가 토지소유자들이 토지를 더 많이 취득하여 더 많은 이득을 얻게 할 수 있는 방법으로 토지거래질서가 형성되어 자본가 중심의 자본주의경제사회가 운용되어 왔다. 그러한 부작용 현상이 바로 지극히 비정상적인 이기적 방법의 토지취득방법의 개발과 그것의 허용 및 법적 고착화였다. 이 모두는 자본가, 토지소유자들의 利己的인 부에 대한 욕망의 실현을 사상적으로 법적으로 보장한 근대 토지소유권법 및 근대 경제관련법 때문이었다. 이러한 양극화의 원인을 제공한 근대의 토지소유제도 및 토지거래질서에 대한 근원적인 재검토가 있어야 博愛의 이상사회를 실현할 수 있는 새로운 토지소유권 및 자본주의 경제질서를 도출해 낼 수 있을 것이다.

이러한 근대 자유 토지사소유권과 비정상적인 토지거래질서의 회복을 위해서는 토지소유자의 노력에 의하지 아니하고 사회발전에 의하여 토지에 발생한 개발이익은 토지소유권의 내용이 아니며, 따라서 그 개발이익은 사회로 전부 환수되어 모든 사회구성원이 함께 향유하여할 가치임을 확인하고 이를 법적으로 규정하여 실행하는 일이다. 그리고 토지를 취득하고 처분하는 거래과정이 토지를 통하여 보다 더 많은 불로소득인 개발이익을 취득하는 것을 가능케 하고 있는 현행의 토지거래질서를 정상으로 환원하여 개발이익이 토지소유자에 귀속할 수 없도록 하는 법적장치를 마련함이 필요하다. 자본가들과 토지소유자들이 법률에서 규정한 바도 없는 변칙적인 방법으로 토지거래를 하고, 권력자들은 이러한 변칙적인 방법을 법적으로 용인하고 보장하여 온 악순환은 근절되어야 한다.

그 외에도 오늘날은 지구환경의 보전이 全地球的 관심사로 浮上한 시대이다. 지구환경의 보전도 역시 토지위에서 실천되어야 한다. 지구를 건지기 위한 토지법에서의 노력이 오늘날 중요한 토지소유권의 과제로 등장하게 되었다. 물의 보전과 관리, 산지의 보전과 관리는 지구환경을 지키기 위한 토지소유권에 부과된 중차대한 과제로 되어 있다.

이와 같이 토지정의를 실현하기 위한 방법으로, 불로소득인 개발이익의 사회환수, 토지거래질서의 정상화와 생활화, 그리고 물보전,

지구환경을 지키기 위한 농지와 산지의 보전과 관리의 강화가 그 무엇보다도 중요하다고 생각한다.

이와 같은 근대 자연법론자들이 천부인권으로 받아들인 근대의 자유 토지사소유권의 문제점을 극복하기 위한 代案들이 주장되고 그 중에서도 사회주의가 가장 강력하게 근대 자유사소유권이 초래한 사회적 부작용을 극복하기 위하여 혁명적, 외부적인 방법으로 일시에 사소유권을 폐지할 것을 주장하고 실천을 해 보았으나, 그것도 전적으로 옳은 방법이 아니라는 것이 구소련과 동구사회주의 국가의 몰락으로 입증이 되었다. 따라서 사회주의적 방법으로도 근대 자유사소유권의 문제점을 극복할 수 없게 되었다. 이제는 사소유권의 내용을 내재적으로 새롭게 구성하여 이를 바탕으로 하여 자유사소유권을 재구성, 재입법하는 방법으로 해결을 시도해야할 시기라 생각한다. 따라서 토지정의 실현을 위하여 토지소유권의 내용을 내재적으로 재구성하고 재입법하는 방법으로 자본주의와 자유토지사소유권의 기본은 유지하되 토지소유자의 투자와 노동에 의하지 아니한 土地價인 불로소득의 개발이익을 토지소유권의 내용에서 제외시키는 사상과 법이론의 창안 및 입법이 이루어져야 한다고 생각한다.

Ⅱ. 불로소득인 개발이익의 사회환수

개발이익은 소유토지에 발생을 하였지만, 그 본질은 토지소유자의 투자나 노동에 의하여 발생한 것이 아니라 사회발전에 따라서 당해 토지에 발생하여 토지가를 형성하고 있을 뿐이다. 그러므로 자본주의 경제에서 소유권 발생의 근거로 널리 인정되는 노동가치설에 의하면, 개발이익은 토지소유자의 노동의 대가가 아니므로 당해 토지소유자가 취득할 노동의 대가가 아니다. 그러므로 토지소유자는 자기 토지에 발생한 불로소득인 개발이익에 대한 소유권이 미치지 못한다. 그럼에도 불구하고 자기의 소유토지에 발생하였다는 것만을 이유로 개발이익을 모두 토지소유자의 소유권이 미치는 것으로 인정하여 왔다. 그러한 논리가 바로 사소유권을 천부인권으로 인정한 일부의 근대 자연법론자들이 주장한 자유 토지사소유권 사상의 영향에 의한 것이다.

분명히 자본주의 경제의 중심이론은 노동가치설에 의하면 불로소득인 개발이익은 토지소유자의 노동의 대가가 아니므로, 개발이익이 자기의 소유토지에 발생하였다는 것만을 이유로 하여 자기의 토지소유권이 그 개발이익에도 미친다고 하는 것은 노동가치설에 반하는 결과이다. 그럼에도 불구하고 근대의 자유사소유권을 주장한 근대 자연법론에서는 이러한 개발이익에도 토지소유권이 미침을 인정하고 그것을 법적으로 확인하였으며, 오늘날까지도 그러한 사상이 계속되고 있다.

그러나 지금은 개발이익은 토지소유권의 범위에 속하지만 그것이 토지소유자의 투자나 노동에 의하여 발생한 것이 아니고, 개발이익의 私有化로 인하여 토지투기가 일어나고 토지투기로 인하여 양극화의 현상 및 비정상적인 토지거래질서가 난무하는 사회부조리 현상에 발생하였다. 그리하여 개발이익의 환수를 위한 이론적 및 제도적 조치들이 취해졌다. 그러한 이론들로서는 개발이익은 불로소득이기 때문에 세금으로 전부 환수하여야 한다는 주장이 제기되고, 개발이익은 외부효과(external effects)의 결과이므로 사회로 환수되어야 한다는 주장도 제기되었으며, 또한 개발이익은 전사회구성원에 대한 부당이득이라는 이론도 주장이 되었다. 또 한편으로 개발이익의 환수를 위한 제도들도 많이 제도화되었다. 나라에 따라서 다르기는 하나 단일세, 토지증가세 등으로 이를 환수하고자 하였으며, 우리나라에서는 양도소득세, 종합부동산세, 개발부담금 등의 명칭으로 개발이익을 환수하고자 하였고 지금도 실행을 하고 있다.

개발이익은 불로소득이고 그 금액이 크며, 역사적으로 또한 법적으로 개발이익을 토지소유권이 미치는 범위에 속한다고 인정하여 왔기 때문에 개발이익을 더 많이 갖기 위하여 토지소유를 확대하여 온 것이 사실이다. 그로 인하여 개발이익의 사회환수의 주장은 정치쟁점화가 되는 문제점을 갖고 있었다. 왜냐하면 그 시대의 사회적 강자인 경제적, 사회적, 정치적 강자들이 개발이익의 사회환수를 반대하여 왔기 때문이다. 그들은 조금이라 더 많은 개발이익을 취하고자 하였다. 그 결과로 개발이익의 사회환수를 위한 입법에 반대하거나 소극적인 입장이었으며, 개발이익의 사회환수를 정치쟁점화하여 개발이익 사회환수의 주장을 무력화시키고 말았다. 그러한 경향은 자연히 개발이익 환수에 관한 법률의 제정, 헌법재판소에서의 위헌결정, 법원에서의 판결에서 극히 소극적이거나 적대적인 태도로 나타났다.

개발이익을 토지소유권의 범위로 인정한 자유사소유제도의 근본을 혁명적으로 폐지하여 개발이익의 사유화로 발생하는 사회적인 부조리를 근원적으로 해결하고자 한 사회주의 토지소유이론 및 사상도 결국 끝내는 실패하고 말았다. 그러면 이러한 불로소득인 개발이익의 사회환수를 통하여 자유 토지사소유권이 낳는 사회부조리의 문제를 해결할 수 있을 것인가?

지금까지는 국가의 강제력으로 개발이익을 사회로 환수하고자 하였으나, 그러한 외부적인 강제에 의한 개발이익의 환수에는 그것에 대한 적대적 세력이 너무 강하여 온전히 성공하지 못한 것이 역사적 사실이다. 그러므로 이제는 근본적으로 새로운 개발이익의 사회환수 제도의 법사상과 법이론의 정립이 필요하고 그것을 법제도화하여 실행할 것이 요청된다고 생각한다.

그러므로 앞으로는 토지소유권의 효력범위를 그 가치에 있어서는 현재의 토지이용가는 토지소유자에게 귀속하지만, 토지소유자의 투자나 노동에 의하지 아니하고 증대된 增價인 개발이익에는 미치지 아니함을 분명히 법적으로 확인·규정함이 타당하다고 생각한다. 그리하여 토지의 현재이용가만이 토지소유자가 향유할 수 있고, 개발증가 중 개발이익은 사회의 소유이지 토지소유자의 소유가 아님을 명확히 할 필요가 있다고 생각한다. 그리하여 국가는 개발이익을 토지소유자로부터 환수하여 사회구성원 모두를 위하여 사용하도록 함이 바람직하다고 생각한다.

개발이익을 환수함에 있어서는 국가는 매 토지별 지가를 주기적으로 공시하고, 토지소유자는 공시된 지가를 참고하여 자신이 향유할 현재이용가와 사회로 환원해야할 개발이익을 분리하여 평가한 다음, 이를 국가에 신고하도록 하고, 그 신고가를 實査한 후에 법정의 비율을 곱하여 토지소유자로부터 개발이익을 환수하여 모든 국민이 모두 함께 향유할 수 있는 용도에 이를 사용하도록 함으로서 사회발전에 따른 지가를 공평하게 향유할 수 있도록 함이 이상적이라 생각한다. 이렇게 함으로써 토지소유권의 개념과 효력범위를 재정립하고 재입법함이 타당하다고 생각한다.

그러나 이러한 토지소유권에 대한 재입법이 이루어지기까지는 시간이 많이 소요될 것이며, 쉽게 입법이 이루어지기 힘든 것이 사실이므로, 그 때까지는 국가가 개발이익을 평가하여 이를 환수해 나감이 바람직하다고 생각한다. 이 때에도 역시 토지소유자로 하여금 소유토지의 현재이용가와 개발이익을 분리하여 신고하도록 점진적으로 제도전환을 해 나감이 요청된다.

개발이익의 사회환수와 함께 토지소유권이 소멸시효의 대상이 될 수 있도록 입법함이 바람직하다고 생각된다. 일찍이 헤겔은 토지소유권의 의무성을 강조하여 토지소유권도 소멸시효에 걸림을 인정하였다. 앞으로 민법을 개정하여 소멸시효의 대상에 소유권도 포함시

킬 필요가 있다고 생각한다. 토지의 지가상승만을 노리고 토지를 이용하지 아니하는 토지취득을 방지하기 위해서 토지소유권을 소멸시효의 대상이 됨을 법정함이 필요하다고 생각한다.

그리고 토지소유권의 희년제도도 입법을 고려해 볼 만하다고 생각한다. 이러한 토지소유권에서의 희년제도는 토지를 이용하기를 간절히 바라는 자가 토지소유권을 취득할 가능성을 제고하는 방법으로 실행하면 토지의 효율적인 이용 및 소유자의 노동에 의한 地價增加分을 토지를 이용하는 토지소유자에게 귀속케 할 수 있는 하나의 방법이 될 것이다.[1] 그리고 사회주의 시장경제체제하에서의 존속기간이 있는 중국의 토지사용권은 희년제도의 이상을 모범으로 하여 이를 변용한 토지이용제도로 생각된다. 저자는 중국에서의 토지사용권을 기한부 토지소유권(life estate)로 이해하고자 한다. 그러한 입장에서 보면, 중국의 기간이 있는 토지사용권은 토지소유권에 대한 희년제도의 일종으로 이해될 수도 있다.

또한 토지사용권은 사용기간의 제한이 있고,[2] 사용기간이 종료하

---

1) 희년은 49년설도 주장되고 있으나 일반적으로 50년으로 본다(레위기 25:10－11). 희년이 되면 땅과 집이 원주인에게 돌아가고 노예가 해방되며 부채가 면제되었다. 물론 희년이 되기 전이라도 땅 무르기(되돌려 사기)를 할 수 있다. 토지를 매각한 사람은 희년이 되기 전에 무를 수 있으며, 누가 가난하여 그가 가진 재산으로 토지를 무를 수 없으면 그의 가까운 친척이 그가 판 토지를 무를 수 있고, 그것을 무를 친척이 없으면 형편이 좋아져서 판 토지를 되돌려 받을 수 있을 때까지 기다려야 한다. 희년이 되기 전에 판 토지를 무를 때에는 그 토지를 산 사람이 그 토지를 이용한 햇수를 계산하여 그것에 해당하는 값을 공제하고 그 나머지를 토지를 산 사람에게 돌려주면 되었다. 희년이 되기 전에 어느 누구도 무를 수가 없으면 희년이 되는 50년이 되는 해에 그 토지는 대가를 지급함이 없이 원소유자에게 되돌아오게 된다. 이것이 성서상의 희년제도이며, 토지의 원주인에게의 반환은 희년사상의 핵심적인 요소이다. 이러한 희년사상은 토지를 특정개인이 영원히 소유하지 못하게 하는 율법이다. 이는 근대자유토지소유사상이 토지소유권을 신성불가침한 천부인권으로 이해하고 소유권의 항구성을 인정하는 자본주의적 토지소유사상과는 달리 토지의 이용권을 강조하고 소유권의 항구성을 부인하는 토지사상이다.

2) 중국에서의 도시토지의 사용기간은 토지사용자가 당해 토지에 투자한 자본을 회수할 수 있는 기간으로서 토지사용자가 건축한 사용토지의 지상물의 감가상각의 기간이기도 하며, 토지사용기간은 원칙적으로 15년으로 하도록 규정하고 있지만

였을 때에 입찰에 의하여 새로운 토사용권자를 선정하고 종료전의 사용권자였던 자에게 대해서는 잔존가치를 평가하여 금전에 의하여 보상을 하게 되면 토지사용권의 관리를 통하여 평균지권을 실현할 수 있고, 발생한 개발이익도 충실히 사회로 환수할 수 있는 제도로 활용할 만하다고 생각된다. 그러나 토지사용권의 원활한 관리가 어렵고 부정과 부패가 발생할 소지를 안고 있는 위험성도 내재하고 있다고 생각된다. 중국에서는 아직까지 토지사용권의 종료시점이 도래하지 아니하여 토지사용권의 종료에 따른 법적처리에 관하여 아직 구체적인 방안이 수립되어 있는 것 같지는 않으나, 개발이익의 사회환수에 의한 평균지권의 실현을 위하여 토지사용권을 관리하는 방향으로 토지사용권 종료시의 법적처리에 관한 방안을 강구하면 자본주의 자유토지소유권의 문제도 사회주의 단체주의토지소유권의 문제도 함께 해결할 수 있는 제3의 방안으로 유용하게 활 수 있을 것으로 생각된다. 문제는 관리상의 어려움이라 생각된다. 이러한 토지사용권의 관리를 통한 개발이익의 사회환수에 의한 평균지권의 실현은 헨리 죠지가 구상하였던 단일세에 의한 토지의 임대수익의 전액 사회환수의 방법과는 또 다른 개발이익의 환수방법의 활용이며, 평균지권의 실현방법이라 생각된다.

또한 북한토지에 대해서는 북한주민들의 노동에 의하여 발생한

(中國土地管理法實施條例 제9조), 토지관리법실시조례 제정전에 이미 제정되어 시행된 중국국무원령인 城鎭國有土地使用權出讓和轉讓暫定條例 제12조에서 상업, 관광, 오락용지는 40년, 공업용지는 50년, 교육, 과학기술, 문화, 위생, 체육용지는 50년, 주택용지는 70년, 기타 용지는 50년으로 정하고, 이 기간으로 토지사용권을 설정하여 줌으로써 지금도 이 기간이 지켜지고 있다. 토지관리법 제17조 제2항에 의한 위임에 의하여 국무원령으로 토지사용권의 존속기간을 정하도록 규정하여, 토지관리법실시조례 제9조에서 15년으로 규정하고 있다. 농지에 대한 사용권인 承包經營權은 경지승포경영권은 30년, 초지승포경영권은 30년 내지 50년이며, 임지승포경영권은 30년 내지 70년이다(중국물권법 제126조 제1항 본문, 농촌토지승포법 제20조 본문). 앞으로 토지사용권의 존속기간이 만료하여 다시 토지사용권을 설정할 때에는 토지사용권의 존속기간이 현재의 존속기간보다 축소될 가능성도 없지 않을 것으로 추론된다. 북한에서의 토지이용권은 획일적으로 50년간 이다.

增價는 북한주민들에게 되돌아가게 하여야 한다. 남한 주민들이 북한토지의 개발이익을 취하고자 하는 생각을 근원적으로 봉쇄함이 필요하다고 생각한다.

Ⅲ. 토지거래서면의 공증과 정상적인 토지거래의 생활화

토지거래는 변칙적인 방법이 아닌 정상적인 방법으로 이루어져야 하며, 그러한 정상적인 토지거래방법은 국민들이 일상의 법생활속에서 자연스럽게 실천되어야 한다. 따라서 정상적인 토지거래방법이 일상의 법생활 속에서 실천될 수 있도록 제도적 뒷받침을 반듯하게 하여야 한다. 명의신탁의 방법에 의한 토지거래, 중간생략등기를 하는 방법으로의 토지거래, 등기원인을 진실대로 등재하지 아니하고 막연히 진정명의회복을 등기원인으로 하는 소유권이전등기의 유효성의 인정 등은 정상적인 토지거래방식이 아니라 변칙적인 토지거래이다. 그러한 변칙적인 토지거래방법이 많이 행하여졌고, 또한 그러한 변칙적인 토지거래방법이 합법으로 인정되어 왔다. 그러한 변칙적인 토지거래방법은 대부분 토지투기를 위한 방법으로 이용되었다. 그리고 개발이익의 사유화를 위한 방법으로 이용되었다. 그럼에도 불구하고 지금도 이러한 변칙적인 토지거래방법이 규제를 받기는 하지만 그 유효성이 인정되거나 우회적으로 용인되고 있다.

왜 토지거래에는 이러한 변칙적인 거래방법이 이용되고 그러한 변칙적인 방법이 합법으로 판례에 의하여 인정되고 있는가? 그것은 토지를 가진 자나 토지를 갖고자 하는 자에게 그러한 변칙인 방법이 정상적인 방법보다는 세금부담에 있어서나 재산은닉 등에 유리하기 때문인 것으로 이해된다. 정상적인 방법이 토지거래자들에게 부담이 된다면 세율을 낮추거나 부담을 줄이는 제도개선을 통하여 국민 모두가 토지거래에 있어서는 정상적인 방법을 취하도록 유도하고 지도하면서 동시에 변칙적인 거래에 대해서는 단호한 制裁를 함이 온당한 방법일 것이다. 그럼에도 불구하고 느슨한 토지거래법제를 그대로 운용하고 있는 것이 오늘의 우리나라의 실정이다.

토지거래에 있어서는 무엇보다도 淸富는 이를 인정하고 보호하며, 濁富는 강력히 응징하여 사회전체가 맑은 사회가 되도록 하여야 한다는 인식이 확산되어야 하며, 그러한 사회를 이루어 나갈 수 있는 토지거래관련 법제의 개선이 필요하다. 선진제국에서는 이미 토지거래가 진실 그대로 이루어지고 진실 그대로 露呈될 수 있도록 하는 제도를 운용하고 있다. 그 제도가 바로 토지거래서면을 公正證書로 작성하도록 하고 그 공정증서를 등기원인서면으로 하여 토지소유권등기가 이루어지도록 하며, 그 공정증서에 기재된 내용에 따라서 토지세가 부과·징수될 수 있도록 운용하고 있다. 인류가 창안한 가장 이상적인 토지거래방법이 토지거래서면의 공정증서에 의한 공증의 방법이다. 독일이 그러한 공정증서에 의한 공증의 방법으로 토지거래의 정상화를 이루고 정상적인 토지거래가 국민들의 생활속에서 자연스럽게 실천되도록 하고 있다.

독일에서는 독일민법 제311b조 제1항 제1문[3]에서 토지의 소유권 양도를 위한 거래계약(즉, 채권계약)은 거래 당사자가 그 계약서면을 작성하지 못하고 공증인이 공증의 방법, 그 중에서도 공정증서의 방식에 의한 공증서면(notarielle Urkunde)으로 작성한다. 일반적으로 공증의 방법에는 당사자가 작성한 서면을 공증인이 그 성립의 진정을 확인해 주는 방식의 私署의 認證에 의한 公證(öffentliche Begelaubigung)과 공증인이 직접 당사자간의 거래내용을 작성하는 공정증서에 의한 공증의 두 가지가 있다. 독일에서는 전자의 사서의 인증방법에 의한

3) § 311b Abs. 1 S. 1 BGB: Ein Vertrag, durch den sich eine Teil verpflichtet, das Eigentum an einem Grundstück zu übertragen oder zu erwerben, bedarf die notariellen Beurkundung.

공증이 아니라 공정증서에 의한 공증방법으로 토지거래계약서를 공증인이 직접 작성하고 그 내용을 확인해 주는 방법으로 토지거래계약이 이루어진다. 공정증서에 의한 공증은 사서의 인증방법에 의한 공증과는 달리 거래계약의 성립의 진정성뿐만 아니라 내용의 진실성을 보증해 준다. 그러므로 독일에서는 토지거래계약의 내용이 공정증서에 진실 그대로 露呈이 된다. 특히 토지거래가격은 물론 당사자의 진실성도 확인이 된다. 이처럼 독일에서는 토지거래계약의 진정성과 진실성이 토지거래계약의 공정증서에 의한 공증의 방법으로 확보된다. 또한 공정증서를 작성한 공증인이 법적으로 등기신청 대리권을 갖도록 하여 공정증서로 토지거래계약서를 작성한 공증인이 공정증서 작성 후 지체없이 소유권이전등기신청을 하도록 하여 등기도 신속하게 이루어지도록 하고 있다. 이와 같이 독일에서는 토지거래서면의 공정증서에 의한 공증의 방법으로 토지거래가 정상적으로 이루어지고, 거래내용이 진실 그대로 토지관할 행정처에 보고되도록 하는 시스템을 구축하고 있으며, 진실한 거래내용에 따라서 토지과세가 이루어지도록 하고 있다.

그러나 우리나라에서는 토지거래서면의 공증제도가 확립되어 있지 아니하다. 오로지 토지거래내용이 토지매매의 경우에는 관할 행정청에 신고하도록 하고, 증여의 경우에는 그 증여서면에 관할행정청의 검인을 받도록 하고 있을 뿐이다(부동산거래신고 등에 관한 법률 제3조 제1항 및 제5항, 부동산등기특별조치법 제3조 제1항). 매매계약의 내용을 신고하고 관할 행정청으로부터 신고필증을 교부받으면 그 신고필증이 소유권이전등기의 등기원인서면이 되며, 관할 행정청으로부터 검인을 받은 증여계약서면은 증여를 등기원인으로 하는 등기원인서면이 된다. 무엇보다도 매매계약의 신고를 받고 신고필증을 교부하거나 증여계약서의 서면에 대한 검인을 함에 그 매매계약의 내용 및 증여계약의 내용의 진실성에 대한 실질적 조사가 이루어지지 아니하고 형식적인 심사만이 이루어진다. 그러므로 신고도 검인도 토지거래계약의 성립의 진정성도 내용의 진실성도 담보하지 못하는 제도를 우리는 운용하고 있다. 우리나라는 왜 이러한 허술한 토지거래방식을 운용하고 있을까? 이렇게 허술한 토지거래방식을 운용하면서 실제와는 다른 신고·검인이 이루어졌음이 발견된 때에는 형벌과 행정벌의 공법적 규제로 규제하는 방식을 취하고 있다. 사전예방이 아니라 사후규제의 방식을 취하고 있으며, 국민들의 생활속에서 자연스럽게 진실한 토지거래가 이루어지고 그 내용이 진실 그대로 국가에 보고되어 과세가 이루어지는 시스템이 아니다.

독일에서는 진실한 토지거래계약이 공정증서로 작성되지 아니하면 그 토지거래계약 그 자체는 물론 허위로 공정증서가 작성된 그 허위의 토지거래계약도 무효화하고 있으며, 그 무효도 법률에 의해서가 아니라 판례에 의하여 이루어지고 있다. 만약에 토지거래의 공증서면이 진실한 토지거래내용과는 달리 작성된 경우에는, 진실한 토지거래계약은 방식위반으로 무효이며(§ 125 BGB), 허위내용의 공정증서는 통정허위표시로서 무효(§ 117 Abs 1 BGB)라고 독일연방대법원이 판결함으로써[4] 토지거래가 진실 그대로 정상적으로 이루어지도록 제도적으로 및 사법적으로 확립되어 있으며 독일국민들의 일상의 법생활속에서 자연스럽게 실천되고 있다.[5] 우리나라에서 토지

4) 김상용, 물권법, 제3판(화산미디어, 2016), 76면.

5) 그러나 독일에서는 토지소유권이전등기는 토지거래계약이 공정증서로 작성되고 그 다음에 그 공정증서를 공증인에게 제출하고 당사자가 공증인 면전에 출석하여 토지소유권양도의 합의(Auflassung)를 하며, 다시 공증인이 그 토지소유권양도의 합의를 공정증서로 작성하여 공정증서로 작성된 그 토지소유권양도의 합의를 등기원인서면으로 하여 등기소에 제출하면 소유권이전등기가 이루어진다. 이 때에 허위로 토지거래계약이 공정증서로 작성되고 그 허위의 공증서면이 다시 공증인에게 제출되어 토지소유권양도의 합의의 공정증서가 작성되어 그것을 등기원인서면으로 하여 소유권이전등기가 경료된 경우에는 물권행위의 무인성에 의하여 토지소유권이전등기의 유효성이 인정되는 예외적인 경우가 있을 수 있다(§ 311b Abs. 1 S. 2 BGB). 그러한 경우에는 진정한 매도인은 허위매수인에 대해서 금전에 의한 부당이득반환청구권을 취득하게 된다. 그러나 실제로 그러한 변칙적인 사례

거래서면을 공정증서에 의한 공증서면으로 작성함이 정상적인 토지거래가 이루어지도록 하는 최선의 방법임을 알고 있음에도 불구하고 이를 실천하고 있지 못한다. 토지거래 과정이 허술하게 관리되고 있음을 부인할 수 없다.

토지거래계약의 성립의 진정성, 내용의 진실성을 담보할 수 있는 인류가 창안한 가장 유용한 제도는 공정증서에 의한 공증의 방법이다. 서양에서는 중세부터 공증의 방법으로 거래가 이루어졌다. 그리하여 공증제도가 국민들의 법생활에 자연스럽게 이용되고 있다. 물론 공증인에 대한 사회적인 신뢰도가 높다. 그리하여 공법적 규제를 하지 아니하더라도 공증의 방법을 통하여 토지거래는 정상적으로 진실 그대로 이루어지고 그 토지거래계약의 내용이 국가에 보고가 되어 진실에 기초하여 과세 등의 토지행정이 이루어지고 있다. 사법부도 토지거래의 진정성과 진실성의 확보를 위하여 지원하고 있다. 우리나라에서도 토지거래계약을 공정증서에 의하여 공증하도록 하여야 한다. 역사는 영원하기 때문에 지금 시작하더라도 결코 늦지 않다. 진실에 기초한 토지거래계약이 이루어지도록 법적 뒷받침을 충실히 하지 않고 변칙적인 거래에 대해 공법적 규제만을 하는 방법은 국민들로 하여금 요행심을 갖게 하며 법생활의 2중성을 피할 수 없다. 진실 그대로 토지에 관한 법생활을 할 수 있도록 법제도화 하여야 한다.

이와 관련하여 부동산물권변동에 관하여 대항요건주의를 취하였던 시기에 일본에서 이용되고 우리나라에 무비판적으로 이식되어 이용되고 실정법에 의하여서 아니라 판례에 의하여 그 유효성이 인정되어 왔으나, 부동산물권변동의 대원칙이 성립요건주의로 바뀐 현행 민법하에서도 계속해서 그 유효성이 판례에 의하여 인정되어 오

는 거의 발생하지 아니한다. 왜냐하면 독일에서는 공증인에 대한 공신력이 높기 때문에 공증인이 공증정서를 작성함에 그 거래계약의 내용의 진실성을 철저히 조사하기 때문이다.

고 있는 변칙적인 부동산거래방법이자 등기방법인 명의신탁, 중간생략등기, 진정명의회복을 등기원인으로 하는 소유권이전등기의 유효성을 이대로 계속 유지할 것인지에 대한 근원적인 재검토가 있어야 한다. 이러한 재검토를 위한 학문적인 작업은 법에서의 탈식민지화(decolonization)의 과업이다.[6] 명의신탁, 매도증서, 중간생략등기, 진정명의회복을 등기원인으로 하는 소유권이전등기는 우리나라에서 자생한 부동산거래제도가 아니며 일본에서 생성된 제도들로서 식민지 한국에 이식되어 실정법률에 의해서 이 제도들의 유효성이 인정된 것이 아니라 판례에 의해서 인정되었다. 현행민법이 제정·시행된 후에는 이러한 변칙적인 부동산거래방법이 성립요건주의에 부합하지 아니함에도 불구하고 판례와 그 판례에 동조한 학설은 교묘한 이론으로 성립요건주의하에도 유효하다고 인정하여 오늘에 이르고 있다. 이러한 변칙적인 부동산거래방법과 부동산등기의 유효성을 계속 인정함이 타당한 지에 대한 근본적은 반성과 검토가 요청된다고 판단한다.

Ⅳ. 환경친화적 농지와 산지의 관리

1. 물보전을 위한 농지관리

우리 헌법 제121조 제1항에서는 농지에 대해서는 경자유전의 원칙이 달성되도록 노력할 것을 국가에 의무지우고 있다. 농지의 경자유전의 원칙 달성을 위한 제도가 바로 농지법상의 농지취득자격증

6) 이러한 과업에 관하는, 김상용, "부동산거래 선진화를 위한 제도개선－名義信託, 公正證書의 법제화로 극복을－", 부동산포커스, Vol. 98(KAB부동산연구원, 2016. 7.), 2면 이하 상세히 논함.

명제(동법 제8조)이다. 이렇게 농지의 관리에 관하여 경자유전의 원칙이 실현되도록 헌법이 이를 국가의 의무로 과하고 있고, 헌법상의 경자유전의 원칙을 실현하기 위하여 농지법에서 농지취득자격증명제가 입법이 되어 시행되고 있다. 그러나 농지행정 현실에서는 농지취득자격증명제가 형식적으로 운영되고 있다. 그것은 세계적인 자유무역협정에 의하여 값싼 농산물들이 외국으로부터 수입되고 농지에 농작물을 재배하여서는 收支가 맞지 않으므로 농사를 짓는 농지가 점점 줄어들어 농지의 황무지화가 진행되고 있고, 또한 귀농, 귀촌의 운동과 함께 농지의 垈地로의 전용이 쉽게 이루어지도록 행정청이 방조하고 있기 때문이다. 도시의 유휴자금이 농지취득에로 유입되게 하는 방도로서도 농지취득자격증명제는 너무 허술하게 형식적으로 농지의 관할 읍면장이 농지취득자격증명 신청이 있으면 현지조사를 하지도 아니하고 또한 농지를 취득하고자 하는 자가 진정으로 농사를 짓기로 작정하였는지를 조사함이 없이 발급해 주고 있는 것이 현실정이다. 그리고 혁신도시, 행정기관의 지방이전, 공기업의 지방이전 등의 농지를 타용도로 전환하는 대규모 토지개발토목공사가 진행되며, 그 때에 그러한 토목공사용으로 수용되는 농지의 소유자들은 그들이 수령하게 되는 보상금에 대해 양도양소득세를 면하기 위하여 수용되는 농지의 代土로서 황폐화되어 있는 농지를 취득하고 있으나 그러한 농지취득에 대한 규제로서는 오로지 농지취득자격증명제 뿐인데, 그 농지취득자격증명제가 유명무실하게 운용되고 있다.

더 나아가 판례는 농지취득자격증명은 농지취득을 위한 채권행위의 유효요건도 물권행위의 유효요건도 아니며, 단지 농지소유권이전등기를 위한 필요서면의 하나일 뿐이라고 판시하고 있다.[7] 그리고 농지에 대한 소유권이전등기가 경료되면 농지취득자격증명의 진정

7) 대법원 1998. 2. 27 선고 97다49251 판결; 대법원 2006. 1. 27. 선고 2005다59871 판결; 대법원 2005. 7. 29. 선고 2003다14133, 14140 판결; 대법원 2008. 3. 27. 선고 2007도7393 판결.

성과 진실성 여부는 이미 이전등기가 경료된 당해 농지의 소유권 취득에 하등의 영향을 주지 않는다고 판시하여, 비록 사실과 달리 농지취득자격증명이 발급되어 그것을 등기신청서류의 하나로 하여 당해 농지의 소유권이전등기가 경료되면 그 농지의 소유권 취득은 유효하다는 것이다. 그러한 판례들은 헌법상의 농지에 대한 경자유전의 원칙 실현에 어긋나는 제도의 운용이고 판례임은 말할 것도 없다. 물론 형식적인 농지취득자격증명의 발급은 극복되어야 한다.

그리고 농지는 지구환경, 그 중에서도 물보전과 물관리를 위하여 관리되어야 한다. 습지로서의 농지는 물을 저장하는 능력이 있다. 특히 기계화로 농사를 지을 수 없는 농지는 더욱더 물보전을 위한 토지로 관리해 나감이 필요하다고 생각한다. 무분별하게 농지의 타용도로의 전환은 되도록 자제되어야 하며, 황폐화된 농지의 타용도로의 전환은 계획적으로 이루어져 한다. 황폐화된 농지도 인간을 위해서는 효용이 없는 것 같아도 식물과 동물의 보금자리로서는 유용함을 농지관리에 있어서 고려되어야할 요소임을 잊어서는 아니될 것이다. 습지로서의 농지의 유용성을 깊이 인식할 때에 왔다고 생각된다.

2. 萬人權을 위한 산지관리

(1) 산지관리의 방향

可用土地가 점점 부족한 상태로 경제가 발전되어 가고 있다. 부족한 가용토지의 확보를 위하여 산지를 개발하여 타용도로 전환하고자 하는 방향으로 산지관리가 이루어지고 있다. 산지의 무질서한 개발은 저지되어야 한다. 산지는 만인권이 인정될 수 있는 토지이다. 그러므로 산지는 특정의 사람, 특정의 기업의 이익을 위하여 타용도로 무질서하게 전용되어서는 아니된다. 말할 것도 없이 산지는 사람만의 것이 아니라 동식물의 보금자리이다. 산지는 인간만의 것이 아님을 자각하여야 한다. 사람과 동물과 식물이 어울려 생존을 유지해 나갈 수 있도록 산지관리의 이념과 방안이 정립되고 실천되어 나가야 한다. 그것이 이 지구를 살리는 길이라 생각한다.

산지에 대한 만인권의 실현은 환경보호의 이름으로 산지개발을 억제만 할 것이 아니라 만인이 산지를 인간다운 삶을 위한 자원으로 유용하게 활용할 방안을 마련하고 실천하는 것이다. 비록 타인 소유의 산지라 하도라도 만인의 인간다운 삶을 위하여 타인소유산지의 이용을 법적으로 보호하는 방향으로 산지법의 정비를 고려하여야 하며, 만인이 함께 산지를 향유할 수 있는 방안으로의 산지개발도 병행되어야 할 일이다.

(2) 토지이용권으로서의 萬人權

토지에 대한 만인권(All Peopele's Right: Everyman's Right)은 모든 국민이 자국의 토지 중 인간으로서 자연이 주는 天然의 혜택을 누리면서 인간적인 삶을 살 수 있기 위한 토지이용권을 말한다. 물론 만인권은 모든 자국의 토지에 대해 예외없이 모든 국민에게 아무런 법적 제한없이 인정되는 권리는 아니다. 만인권은 公地이든 개인소유의 토지이든 그 토지가 인간의 자연적인 삶을 살아감에 필요한 토지일 경우, 그 토지로부터 산책, 자전거타기, 하이킹, 낚시, 보트놀이, 딸기, 버섯 등의 채취, 캠핑, 꽃따기, 카약, 수영, 스키, 풀베기 등의 자연이 주는 천연의 혜택을 당해 토지를 이용하여 모든 사람이 누릴 수 있는 권리이다. 그러므로 만인권은 토지의 소유권이 아니며, 토지의 개발권도 아니며, 토지가 천연의 자원으로서 자연이 주는 혜택을 누릴 수 있도록 토지를 이용할 수 있는 모든 사람들의 토지이용권이다. 그러므로 이러한 만인권은 주로 개발이 되지 않은 토지로서 그것의 소유권 귀속에 관하여는 고려함이 없이 모든 국민이 그 토지가 자연적으로 인간의 삶을 위하여 제공하는 혜택을 누릴 수 있는 토지이용권이다. 이러한 토지이용권인 만인권에 의한 토지이용은 토지에 대한 불법침입(trespass to land)이 성립하지 아니하며, 비록 울타리가 처져 있는 토지에 대해서도 인정된다. 이러한 만인권은 모든 국민들의 적극적인 타인토지이용권으로서 법률로써 제한하지 않는 한 인정되는 모든 국민의 자국의 토지에 대한 이용권이다. 그리고 이러한 만인권은 인간만의 인간다운 삶을 위한 토지이용권을 넘어 동물과 식물들의 생태계를 유지하고 보전할 수 있는 범위 내에서의 토지이용권이다. 그러므로 동물과 식물의 棲息, 그리고 물, 돌 등의 자연환경에 危害가 되는 한에서는 만인권이 제한된다.

이러한 토지에 대한 만인권은 특히 핀란드, 스웨덴, 노르웨이 등의 북구제국에서 널리 인정되며, 특히 핀란드에서의 만인권이 관심을 끌고 있다. 핀란드에서는 만인권을 토지의 이용을 금하지 않으면 허용되는 토지이용권으로 인정되고 있다. 물론 만인권이 인정된다고 해서 타인소유토지의 무제한의 이용을 의미하는 것은 아니며, 토지소유자의 재산권과 프라이버시, 자연보호가 지켜지는 범위 내에서의 타인토지의 이용을 내용으로 한다. 그러나 근원적으로는 자연이 인간 모두에게 값없이 준 토지를 인간의 인간다운 삶을 위하여 이용할 수 있는 권리로 인정되고 있다. 또한 동물과 식물 자연경관 등의 보존과 함께 이들과 인간이 더불어 함께 공존하면서 삶다운 삶을 토지위에서 이루어 나가고자 하는 사상이 이 만인권 인정의 기본사상이라 생각된다. 북구제국, 특히 핀란드에서는 이러한 만인권이 관행으로 인정되어 왔으며 지금은 법적으로 인정되고 있다. 이와 같이 북구제국에서 이러한 만인권이 형성될 수 있었던 것은 토지지배를 기반으로 한 봉건경제사회가 북구제국에서는 형성되지 아니하였기 때문으로 평가되고 있다. 이러한 토지에 대한 만인권은 토지에 대한 배타적, 독점적인 지배권을 제한하는 권리로서 자본주의경제가 고도로 발달하지 않은 나라에서 생성될 수 있었다. 자본주의가 고도로 발달한 나라에서는 토지를 모든 국민의 이용을 위한 자원으로 파악하기 보다는 생산수단으로서 富의 독점과 증대를 위한 개인소유의 상품으로 파악한다.

토지에 매장되어 있는 金을 위시한 광물은 역사적으로 이미 오래전부터 국왕의 소유라는 관념이 생성되고 국가의 권력으로 국왕이 만들어 토지에 묻어둔 물건이 아님에도 불구하고 국왕의 소유로 입법하였다. 그러한 역사적인 연유로 오늘날 자본주의국가에서는 광물을 국가의 소유로 입법을 하였다. 광물이야 말로 국민 모두의 것이지 왜 국왕의 소유인가? 그것은 국왕중심주의의 정치체제, 자본주의경제체제가 낳은 산물이라 생각한다. 토지는 모두의 삶의 기반이지, 특정인이 배타적으로 독점할 물건이 아니다.

만인권이 모든 토지의 국가소유 내지 공동체 소유를 의미하는 것이 아니다. 자연으로서 토지가 주는 인간의 삶을 위한 기본적인 혜택을 모든 국민으로 하여금 누리게 하는 토지이용권이다. 북구제국에서의 만인권은 오늘날 토지정의의 실현을 위해서 이를 확대해서 적용할 가치가 있는 토지이용제도로 평가된다. 무엇보다도 자연이 인간의 인간적인 삶을 위하여 제공해 주는 혜택을 누리게 하는 방법으로 지혜롭게 활용할 가치가 있다고 생각된다. 지금은 도시화의 확대로 인간은 인간생존에 유해한 도시환경에서 살고 있다. 문명의 혜택이 가져온 인간에게 유해한 환경속에서 인간은 삶을 이어가고 있다. 같은 공동주택 내에서 살고 있지만 이웃으로 살아가지 못하고 고립되어 살아가고 있다. 또한 평지에서 인간이 살고 있지만 유해물질 속에서 살아가고 있다. 이러한 각박한 인간의 삶을 극복할 수 있는 방안의 하나로서 토지에 대한 만인권을 활용할 가치가 충분히 있다고 생각한다. 특히 산지의 보전과 관리에서부터 시행해 볼 가치가 있다고 생각한다.

좀 쉽게 산의 정상에 사람들이 접근할 수 있도록 하여 맑은 공기, 맑은 하늘, 그리고 녹음과 탁 트인 경관으로부터 마음의 평정을 되찾아 평지의 보금자리에서 좀 평화로운 삶을 살 수 있도록 산지관리를 생각해 볼 수 있다. 산의 정상에는 추운 날에도 올라갈 수 있도록 하고, 거동이 불편한 분들도 자연의 혜택을 누릴 수 있도록 조치하고, 기온이 낮은 날에는 노인들이 몸을 녹일 수 있는 온기가 공급되는 공간을 만들고, 산 정상에 기도처를 만들어 어떠한 종교를 믿는 사람이든 조용히 자기가 믿는 신과의 대화가 이루어지도록 공간을 마련함이 참으로 필요하다고 생각한다. 자연이 준 그러한 공간에서 조용히 그곳을 모두가 향유하면서, 서로가 이웃을 만들어 갈 수 있게 토지이용을 할 수 있도록 만인권을 적절하게 활용할 가치가 있다고 생각한다. 저자가 찾아가 본 바가 있는 독일과 오스트리아의 국경을 이루고 있는 알프스의 추크스피체(Zugspitze)에는 그 곳에 오르는 사람들이 누구나 믿는 종교에 관계없이 기도할 수 있도록 칸으로 구분되어 있는 공동의 기도의 집이 건설되어 있으며, 추운 날씨에는 몸을 녹일 수 있는 온기가 나는 쉼의 공간도 마련되어 있었다. 우리도 이렇게 산지를 이용하도록 하여할 것이 아닌가 생각한다. 이렇게 토지를 이용하도록 함이 토지를 인간 모두의 삶을 위하여 준 창조자의 창조의 뜻에 부합하는 토지이용이라 생각한다.

우리 민법에도 이러한 만인권에 비교될 수 있는 타인토지의 이용권에 관하여 규정하고 있다. 그것이 바로 특수지역권이다(민법 제302조). 특수지역권은, 어느 지역의 주민이 집합체의 관계로 각자가 타인의 토지에서 초목, 야생물 및 토사의 채취, 방목 기타의 수익을 하는 권리로서, 자본주의적 사고에 입각하여 타인토지의 수익권으로 규정되어 있다. 이를 만인권으로 그 내용을 변경하고 확대하여 발전시킬 필요가 있다고 생각한다. 만인권은 인간만의 토지이용권이 아니라, 식물, 동물, 자연환경 그 자체도 함께 이웃하면서 공존하고 공생하는 인간의 토지이용권이다.

일본에서는 입회권이라는 권리가 만인권에 비교될 수 있는 권리가 일본민법에 규정되어 있다. 일본민법에는 입회권을 두 가지로 나누어 공유의 성질을 갖는 입회권(이본민법 제263조)과 공유의 성질을 갖지 않는 입회권(일본민법 제294조)으로 나누어 어느 입회권에 있어서나 입회권에 관한 관습이 있으면 그 관습에 따라서 규율되고, 관습이 없으면 전자의 입회권에는 공유에 관한 민법규정이, 후자의 입회권에는 지역권에 관한 민법 규정이 적용된다. 그러나 일본에서는 입회권이 토지소유자의 수익을 위한 토지이용을 제약하는 권리로 이해하여, 1966년에 입회권 정리에 관한 특별법[8]을 제정하여 점진적으로 입회권을 단독의 토지에 대한 소유권, 지상권, 임차권, 기타 토지의 이용과 수익을 내용하는 권리로 전환하는 조치를 취하였다. 이러한 입회권의 해체조치도 역시 너무 자본주의적인 사고의 결과라 생각한다.

8) 정확히는 入会林野等に係る権利関係の近代化の助長に関する法律이다.

제 5 장

통일 후 북한토지의 지혜로운 처리

제5장 통일 후 북한토지의 지혜로운 처리

Ⅰ. 개 설

통일 후의 북한토지의 처리는 법적인 면과 현실적인 면의 두 가지 방향에서 검토하여 북한주민이 북한토지를 점유하고, 이용하고, 궁극적으로 소유권을 취득할 수 있도록 처리하여, 북한주민들이 현재의 이용토지에서 그들의 삶을 이어가도록 하는 것이 토지법의 이상인 정의와 이웃인 북한주민에 대한 사랑의 실천이 될 것으로 판단된다. 북한토지는 원래 그 소유자가 있었으나 1946년의 북한의 토지개혁에 의한 무상몰수와 1954년부터 1958년까지의 농업의 집단화 작업에 의하여 무상으로 사실상 몰수된 토지이다.

그러므로 북한토지에 대해서는 북한의 지배에 의하여 몰수당한 토지소유자도 현재 북한토지를 점유하여 이용하고 있는 북한주민도 모두 이해당사자이다. 양자 간의 이해충돌을 해결하려면 북한주민이 현재 점유하여 이용하고 있는 북한토지에 대한 우선권을 인정하여 그들의 삶을 이어가도록 하고, 몰수당한 토지소유자에 대해서는 금전적으로 보상하는 방법이 가장 타당할 것이다. 법적으로는 몰수당한 토지소유자에게 원상회복함이 맞지만, 현실적으로는 현재 점유자인 북한주민의 삶을 보장하여야 함이 더 우선적이라고 아니할 수 없다. 이러한 기본방향에서 통일 후 북한토지를 지혜롭게 처리해 나가도록 하여야할 것이다.

따라서 북한의 토지처리는 소유권에 관한 私法의 법리를 따라서 해결할 것이 아니라, 社會法의 법리를 따라서 해결함이 타당하다. 순수하게 토지소유자와 토지이용자간의 소유와 이용의 법리를 따라서 해결할 과제가 아니라, 사회·경제적 강자와 사회·경제적 약자간의 문제로 다루어 나감이 바람직하다. 그러면 북한토지에 대하여는 법적으로도 현실적으로도 바람직한 방향으로 처리할 수 있는 방안을 도출할 수 있을 것이다.

Ⅱ. 북한토지의 현재의 상황

북한에서는 모든 토지가 사회주의적 토지소유제도에 입각하여 사소유권이 부인되며, 국가소유권과 협동사회단체소유권만이 인정되고 있다. 북한에서는 사회주의에 입각하여 사소유권을 착취적인 소유권으로 파악하며, 생산수단인 토지에 대한 사소유권은 전적으로 부인한다. 그리하여 북한의 토지는 국가가 전인민을 대표하여 소유하는 국가소유권과 사회협동단체가 그 구성원을 대표하여 소유하는 사회협동단체소유권만이 인정된다. 북한 주민은 그 점유, 이용만이 인정된다.

토지이용에 있어서는 권리로서의 토지이용권은 외국투자자와 외국투자기관에 대해서만 그 설정이 인정되며, 북한주민에게는 외국의 투자자 또는 투자기관과의 합영기업 또는 합작기업의 창설을 위하여 현물출자로서 제공하기 위해서만 인정된다. 그러므로 결국 오로지 외국의 투자개인 및 외국의 투자기업에 대해서만 권리로서의 토지이용권이 경제특구 또는 경제개발구에서 그 설정이 인정되고 있을 뿐이다.

그리고 북한주민에서는 국가로부터 허가를 받은 토지이용이 인정되고 있다. 북한 주민은 국가로부터 이용의 허가를 받으면 그 사용료를 지급하고 토지를 사용할 수 있다. 이러한 허가에 의한 독점적인 토지이용은 권리로서 보다는 허가의 반사적 효과로서 그 이용자에게 독점적 이용이 인정된다. 북한에서의 허가에 의한 토지이용을 우리와 비교하면 公物의 허가사용에 비교될 수 있다.

그리고 북한의 협동농장구성원에게는 텃밭이 배분되며, 북한 주민이 불법적으로 개간한 토지에 대한 뙈기밭 내지 부림토지가 존재한다. 텃밭은 합법적인 토지이용이지만, 뙈기밭은 불법적인 토지이용이며, 부림토지는 공장의 공터에 공장종업원들이 공동으로 경작하는 불법적인 토지이용을 합법으로 전환해준 토지이용이다. 이러한 토지들에 대해서 북한주민이 독자적으로 이용하여 그 수확물을 독점적으로 취득하나, 그러한 토지에 대한 소유권이 북한주민에게 인정되는 것은 아니다.

그러므로 북한주민의 토지이용은 점유에 불과하다고 할 것이다. 북한주민에게는 토지소유권도 토지이용권도 인정되지 아니하고 오로지 점유만이 인정되어 권리로서의 토지이용권은 인정되지 아니한다고 평가된다. 사실로서의 점유만이 인정되고 그 점유를 우리와 같이 권리인 점유권으로도 인정되지 아니한다고 해석된다.

Ⅲ. 북한토지의 처리방향

통일이 되면 즉시 북한지역의 모든 토지는 통일한국의 국가로 그 소유권을 이전하는 조치를 취하며, 북한의 주택과 농지는 현재의 북한주민이 거주하고 농사를 짓은 농지에 대한 점유권을 인정하여 현재의 거주지에서 계속해서 살 수 있도록 하는 조치를 취한다. 그리하여 북한의 주민은 자기의 현재의 위치에서 삶을 계속할 수 있도록 하여야 한다. 그 외의 토지는 일단 국가가 접수를 하여 점유하고 이용을 하도록 한다.

그리고 통일한국은 국가로 이전된 북한토지에 대해 이를 처리하는 방안을 수립하여야 한다. 먼저 주택과 농지에 대해서는 북한주민이 그곳에서 살면서 생계를 유지해 나갈 수 있는 당해 주택과 택지 및 농지에 대한 권리로서의 점유권을 인정하여 북한주민의 삶의 계속을 보장한다. 허가를 받아 이용하고 있는 토지 및 토지이용권의 설정을 받아 이용하고 있는 토지에 대해서는 공물의 허가이용, 지상권 유사의 물권으로서 토지이용권의 법적지위를 인정한다.

그 다음에 점유권만이 인정된 토지나, 허가에 의한 토지이용이 인정된 토지에 대해서는 장기의 토지임대차 관계를 인정하여 북한 주민이 토지의 임차인으로서의 법적지위를 인정한다. 이 때에 임차인인 북한주민은 당해 토지로부터의 수확물의 범위 내에서 일정수준의 임차료를 지급하도록 한다.

그 다음의 최종적 단계에서는, 북한주민의 자율적인 의사결정에 의하여 당해 임차토지를 매입하게 하여 소유권을 취득하게 하거나, 또는 매각하고 당해 토지로부터 떠날 수도 있게 하고, 협동농장의 토지는 구성원들의 의사결정으로 당해 농장을 주식회사로 전환하거나, 유한회사 또는 협동조합으로 전환하여 농업을 계속하게 하거나, 구성원의 지위를 다른 구성원에게 매각하고 협동농장을 떠날 수도 있도록 허용하여야 한다. 이 때에 북한주민의 매수대금은 수확량의 범위 내에서 북한주민의 부담능력의 범위 내로 정하여야 한다. 이러한 과정을 거쳐서 북한의 주택과 농지는 북한주민이 최종적으로 소유권을 취득할 수 있도록 하여야 한다. 남한주민들의 북한토지의 취득은 북한주민의 삶의 향상을 위한 투자의 경우에 제한적으로 허용하고 기본적으로는 남한주민의 북한토지의 취득을 배제하도록 하여야 한다.

이와 같이 북한주민이 북한의 주택과 농지의 소유권을 취득하도록 하기 위해서는 장기간의 임대차 관계의 기간 중에 북한토지의 지적조사와 등기부의 완비가 있어야 한다.

북한지역의 산지에 대해서는 통일정부가 취득하여 조림을 하여야 한다. 조림전문가 또는 회사에 조림을 위임하거나 당해 산지 주변지역의 주민들로 하여금 조림을 하도록 하여야 한다. 산지에 대한 소유권은 가능한 한 통일한국이 갖고 이용권을 강하게 조림자 또는 조림회사에 설정해 주도록 함이 타당할 것이다.

공장용지는 통일한국이 그 소유권을 취득하고 필요에 따라서 즉시 매각하거나 장기임대차를 설정해 줄 수 있도록 하여야 한다. 이미 토지이용권을 취득한 투자자 또는 투자기업에 대해서는 그 토지이용권을 계속 보장할 수도 있고 토지이용권자로 하여금 당해 공장용지의 소유권을 취득할 수도 있도록 함이 바람직하다. 공장용지에 대해에서 투자가 이루어질 수 있도록 효율적으로 관리하도록 해야 한다.

행정기관용의 토지, 군사용토지, 문화재가 있는 토지 등은 통일한국이 일단 소유권을 취득한 후 관할 기관에 그 소유권을 이전함이 바람직하며, 과대하여 불필요한 토지는 분할하여 임대 또는 매각할 수 있도록 조치함이 타당하다.

이와 같은 방대한 통일 후의 북한토지의 처리를 위해서는 북한토지전담전문기관을 설립하여 그 기관에서 처리해 나감이 바람직하다. 이 기관에서 북한토지의 지적조사, 등기부 편성, 조림, 농지관리 등을 종합적으로 실행감이 타당하며, 구체적인 관련조치의 이행은 이 기관과 전문기관이 협의해서 실행해 나감이 바람직하다고 생각한다. 그리고 국가소유토지의 처분에 있어서는 북한주민에게 優先買收權

또는 先買權 등의 법적지위를 인정함이 바람직하다.

북한에서 토지를 몰수당한 사람들에게는 사회법의 원리에 입각하여 재산권침해에 대한 보상 원칙에 따라서 사회적 상당성의 법리에 입각하여 당해 토지의 수확량의 범위 내에서 명목적인 보상이 이루어지도록 함이 바람직하다. 이러한 명목적 보상으로써 북한토지의 무상몰수에 대한 법적인 해결을 함이 타당하다고 생각한다.

Ⅳ. 북한지역에서의 토지투기의 근원적인 배제

북한지역에서의 토지투기는 근원적으로 배제하여야 한다. 투기배제를 위해서는 통일이 되면 즉시 북한토지는 모두 통일한국의 국가소유로 이전하고 장기간의 임대차를 계속한 후에 점진적으로 사유화하는 조치를 취하여 사유화에서 배제되는 토지도 가능한 한 확대하여야 한다. 남한의 투기자금이 북한지역에 투자금으로 유용하게 쓰여질 수 있도록 세심한 정책수립과 집행이 이루어져야 한다.

지적조사와 부동산등기부의 편철의 일과 병행하여 북한토지의 사유화를 이루어 나가야 한다. 그리고 부동산거래가 정의에 합치되게 이루어지도록 관련 제도와 운용이 필요하다고 생각된다. 북한지역의 토지거래에는 공정증서에 의한 토지거래계약이 이루어지도록 하고, 그 공정증서에 의한 토지거래의 법리구성도 통일한국의 국민들의 일상생활 속에서 실천해 나갈 수 있도록 하여야 한다.

또한 북한지역의 토지처리에는 북한주민들의 의사를 충실히 반영하도록 하고, 통일한국이 일방적으로 과격한 조치들을 취하는 일은 극히 신중하여야 한다. 통일은 북한주민의 인간다운 삶의 향유와 그 보장이 최우선 가치임을 북한토지처리에서의 목표이고 理想임을 분명히 하여야 한다.

통일 후의 북한토지의 처리를 통해서 정의가 살아있고 이웃인 북한주민에 대한 이웃사랑의 정신을 실현해 나가도록 하여야 한다. 정의와 이웃사랑의 가치는 통일 후 북한토지의 처리에 있어서도 역시 최고의 이상이고 가치임을 잊어서는 아니 될 것이다.

찾아보기

[저자 약력]

金 相 容

서울大學校 法科大學 法學科 卒業(法學士)
檀國大學校 大學院 法學科 卒業(法學碩士)
서울大學校 大學院 法學科 卒業(法學博士)
忠北大學校 社會科學大學 法學科 助教授
漢陽大學校 法科大學 敎授
延世大學校 法科大學 教授
延世大學校 法學專門大學院 教授
韓國土地法學會 會長
韓國民事法學會 會長
韓獨法律學會 會長
韓國法制研究院 諮問委員
법무부 법무자문위원회 민법(재산법)개정특별분과위원회 위원
법무부 법무자문위원회 신탁법개정 특별분과위원회 위원장
법무부 법무자문위원회 남북주민 사이의 가족관계와 상속 등에 관한 특례법 제정 특별분과위원회 위원장
법무부 법무자문위원회 남북법령연구특별분과위원회 위원장
獨逸 Max-Planck-Institut für Ausländisches und Internationales Privatrecht에서 比較私法 研究
독일 Frankfurt/M 소재, 막스 플랑크 유럽法史研究所(Max-Planck-Institut für Europäische Rechtsgeschichte)에서 法史學 研究
獨逸 Trier 大學校에서 社會主義法과 社會主義的 所有財産의 私有化 研究
독일 Köln 大學校의 住宅法 및 住宅經濟研究所(Institut für Wohnungsrecht und Wohnungswirtschaft an der Universität zu Köln)에서 舊東獨住宅再建에 관한 研究
독일 München 대학교 舊約學神學大學(Katholisch-Theologische Fakultät)에서 교회법과 자연법 연구
美國 School of Law(Boalt Hall), University of California, Berkeley에서 英美私法 研究
일본 동경, 와세다대학에서 근저당권에 관한 비교연구
日本 교토(京都)의 同志社大學에서 法과 聖書에서의 正義에 관한 연구
中華民國(臺灣) 土地改革訓練所에서 土地思想 研究
Hong Kong 中文大學校에서 아시아문화와 신학에 관한 연구
中国 山東省 済南, 山東大学에서 中国 土地使用权 終了 時의 法的處理 问题 연구
한국토지법학회 학술상 수상
독일, 훔볼트學術賞(Humboldt-Forschungspreis) 受賞
옥조근정훈장 수훈

현, 대한민국학술원 회원
연세대학교 명예교수

주요 저서

민법총칙, 제3판, 화산미디어, 2014
물권법, 제3판, 화산미디어, 2016
채권총론, 제3판, 화산미디어, 2016
채권각론, 제3판, 화산미디어, 2016
민법개론, 화산미디어, 2015(공저)
民法思想史: 법과 성서와 역사 연구소 연구서 제1권, 피앤씨미디어, 2016
西洋法史와 法政策, 피앤씨미디어, 2014
韓國法史와 法政策, 피앤씨미디어, 2014
自然法論와 法政策, 피앤씨미디어, 2015
民事判例評釋(1), 法元社, 1995
民事法研究(2), 法元社, 1997
民事法研究(3), 法元社, 2000
民事法研究(4), 法元社, 2000
民事法研究(5), 法元社, 2004
民事法研究(6), 法元社, 2007
民事法研究(7), 法元社, 2010
民事法研究(8), 法元社, 2013
민사법연구(9), 피앤씨미디어, 2015
比較契約法, 法英社, 2002
비교동산담보법, 법원사, 2011
根抵當權比較研究, 화산미디어, 2013
不法行爲法, 法文社, 1997
美國不動産法論, 三知院, 1986
土地法, 鄭愚衡 增補, 法元社, 2004
土地所有權 法思想: 大宇學術叢書, 人文社會科學 87, 民音社, 1995
不動産去來의 公證과 不動産登記의 公信力 研究, 法元社, 2008
不動産擔保法(改訂版), 법원사, 1996
바다와의 대화: 함부르크에서 홍콩까지의 항해(여행기), 법원사, 2001

토지정의론

초판인쇄 2017년 3월 6일
초판발행 2017년 3월 10일

지은이 김상용
펴낸이 박노일

총괄기획 김중용 · 최준규
편 집 심성보 · 김인숙

펴낸곳 pnc publishing and culture 피앤씨미디어
경기도 고양시 일산동구 강송로 153 310-1501
등록 제396-2012-000203호
전 화 070)7550-3758 팩 스 02)718-8554
홈페이지 www.pncmedia.co.kr 이메일 pnc@pncmedia.co.kr
ISBN 979-11-5730-402-8 93360

정 가 20,000원